U1015489

RESEARCH AND STUDY

REPORTS ON THE SUPERVISION OF STATE-OWNED ASSETS AND THE REFORMATION OF STATE-OWNED ENTERPRISES (2022—2023)

探索与研究

国有资产监管和国有企业改革研究报告(2022—2023)

国务院国有资产监督管理委员会综合研究局 编

SASAC
国务院国有资产监督管理委员会
State-owned Assets Supervision and Administration Commission of the State Council, the People's Republic of China

中国经济出版社
CHINA ECONOMIC PUBLISHING HOUSE
北 京

图书在版编目（CIP）数据

探索与研究：国有资产监管和国有企业改革研究报告：2022—2023 / 国务院国有资产监督管理委员会综合研究局编. --北京：中国经济出版社，2024.9

ISBN 978-7-5136-7785-1

Ⅰ.①探… Ⅱ.①国… Ⅲ.①国有资产-资产管理-研究报告-中国-2022-2023 ②国有企业-经济体制改革-研究报告-中国-2022-2023 Ⅳ.①F123.7 ②F279.241

中国国家版本馆 CIP 数据核字（2024）第 110992 号

项目负责人　李煜萍
责 任 编 辑　李若雯
责 任 印 制　马小宾

出版发行　中国经济出版社
印 刷 者　北京富泰印刷有限责任公司
经 销 者　各地新华书店
开　　本　787mm×1092mm　1/16
印　　张　9.5
字　　数　125 千字
版　　次　2024 年 9 月第 1 版
印　　次　2024 年 9 月第 1 次
定　　价　58.00 元
广告经营许可证　京西工商广字第 8179 号

中国经济出版社 **网址** http://epc.sinopec.com/epc/ **社址** 北京市东城区安定门外大街 58 号 **邮编** 100011
本版图书如存在印装质量问题，请与本社销售中心联系调换（联系电话：010-57512564）

版权所有　盗版必究（举报电话：010-57512600）
国家版权局反盗版举报中心（举报电话：12390）　　服务热线：010-57512564

编辑委员会名单

主　　编　张玉卓

副 主 编　王宏志

编　　委（按姓氏笔画为序）

丁少中　方　磊　白海峰　冯　凌　任雅林

刘立学　刘永峰　刘绍娓　刘福广　衣学东

杨景百　来　婷　吴　刚　张　博　张玉辉

张晓松　张璟平　陈佳玲　胡武婕　侯　洁

袁正秋　夏　凡　曹如民　常玉春　谢　晖

薛　徽　魏驰昊

参加编辑人员　王少飞　刘永寿　王秀国　付升涛　李　政

牛　聪　谢　飞　储昭霁　王文信　翁斌辉

房姝汎　王　烨　周树龙　陈大龙　施俊婕

目录
Contents

研究报告篇

世界一流企业建设研究 …………………………………………………… 3
党的十九大以来中央企业高质量发展成就和规律研究 ………………… 25
中央企业分类考核研究 ………………………………………………… 50
中央企业科技研发效率研究 …………………………………………… 72

观点文章篇

提升我国关键共性技术供给能力 亟须强化转制科研院所作用 …… 93
关于“双碳”战略目标下中央能源企业绿色低碳转型的思考与建议 … 98
借鉴发达国家经验促进国有企业更有效承载国家战略 …………… 104
疫情冲击下部分行业国际标杆企业在高管薪酬管理方面的应对之策 … 110

央企A股上市公司与世界一流企业董事会建设比较研究 ………… 117
关于世界主要经济体国有经济的简析 ……………………………… 125
充分发挥中央企业科技领军企业主体作用 ……………………… 132
中央企业科技创新和发展创新产业的理论辨析和策略选择 ……… 139

研究报告篇

世界一流企业建设研究

国务院国资委企业改革局

摘　要　课题对世界一流企业的内涵和特征进行了深入研究，结合我国企业实际，特别是开展世界一流企业评价的实践，提炼了世界一流企业应当具备的8个重要特征，进而讨论我国建设世界一流企业的方向和遵循。课题报告从规模、效益、国际化、创新等维度剖析了2012年以来中国国有企业的发展情况及成就，对采矿与原油生产等7个行业的国有企业与全球同行领先企业间的效益效率进行了比较，并从研发强度、专利布局等维度进行对比分析。报告从基础管理要素、核心管理要素和支撑管理要素角度总结了欧美国家建设世界一流企业的7项关键最佳实践，提炼出中央企业建设世界一流企业的主要经验。最后，课题从国务院国资委、国有企业两个层面提出关于加快建设世界一流企业的相关建议。

关键词　世界一流；效益效率；管理要素；对策建议

一、世界一流企业的内涵特征和建设遵循

2022年2月，中央全面深化改革委员会第二十四次会议审议通过

了《关于加快建设世界一流企业的指导意见》，强调要“加快建设一批产品卓越、品牌卓著、创新领先、治理现代的世界一流企业，在全面建设社会主义现代化国家、实现第二个百年奋斗目标进程中实现更大发展、发挥更大作用”，为我国推动加快建设世界一流企业指明了战略方向，提出了明确要求。

（一）世界一流企业的内涵特征

“世界一流企业”并非严格意义上的规范学术概念，而是一个强应用性的研究议题。综合各方面研究成果，课题组提炼出世界一流企业应当具备的8个重要特征：①核心产品（服务）具有全球美誉度，处于全球价值链高端，增值率行业领先；②拥有全球高端创新资源，具有强大自主创新能力，掌握产业关键核心技术；③配备了能力突出的优秀管理团队，且各层次都具有强大可靠的战略执行力，形成了独具特色的管理模式与商业模式；④积极开展国际化经营，有效整合利用两个市场、两类资源，国际国内业务协同发展；⑤培育了优秀企业文化，企业具有凝聚力、向心力，具有鼓励创新与奉献的良好氛围；⑥勇于担当社会责任，在全球范围享有良好企业形象与品牌形象，品牌价值行业领先；⑦公司治理规范高效，责权利边界清晰，活力充分激发，风险得到有效控制；⑧经营绩效处于全球行业领先水平，能给投资者创造高水平稳定投资回报。

（二）我国建设世界一流企业的基本遵循

产品卓越。世界一流企业必须有卓越的产品。卓越的产品来源于卓越的科技和卓越的工艺，卓越的科技让产品成为时代引领者，卓越的工艺让产品成为质量榜样者。而且，企业提供的产品和服务能够形成差异化。

品牌卓著。世界一流的企业必须有卓著的品牌。产品卓越是品牌卓著的基础，品牌卓著是产品卓越的助力。品牌卓著来源于优秀传统文化与现代时尚文化融为一体所形成的独特个性文化魅力。

创新领先。企业要敢于以创新来应对不断变化的市场，将创新融入企业的文化。在企业内部建立有利于创新的环境，加大研发投入，形成相对宽容的创新评价体系和灵活的创新工作机制。

治理现代。治理现代应该是有中国特色的治理现代，是体现中国制度优势的治理现代，是有中华优秀传统文化个性的治理现代。建设世界一流企业，应该打造具有中国智慧、中国魅力、中国活力、中国话语权的治理现代新模式。

二、国有企业与世界一流企业的对比分析

近年来，我国国有企业发展迅速，营收、利润均保持持续增长，在做强做优做大的道路上取得显著进展，在许多重要领域和关键环节取得重要成果。但是，与世界领先企业相比，在创新能力、效率效益和管理治理等方面仍存在差距。

（一）国有企业发展状况分析

1. 营业总收入保持波动增长

2021 年，全国国有及国有控股企业的营业总收入近 75. 6 万亿元，比 2012 年增长 78. 3%。营业总收入方面，2015 年和 2020 年均出现较大回落；2017 年、2018 年、2021 年，全国国有及国有控股企业营业总收入均实现较快增长，增速分别为 13. 7%、12. 5%、19. 4%。

2. 利润总额增速波动较大，但区间增长快于收入

10 年来，全国国有及国有控股企业的利润总额呈现出明显的波动增长态势，且波动幅度大于营业总收入。2021 年，全国国有及国有控股企业利润总额约 4. 5 万亿元，比 2012 年增长了 105. 7%。2017 年、2018 年、2021 年，全国国有及国有控股企业利润总额均实现大幅增长，增速分别为 25. 2%、16. 9%、32. 0%。

3. 主要利润率指标有升有降

全国国有及国有控股企业的收入利润率从2012年的5.2%提升到2021年的6.0%，成本费用利润率从2012年的5.4%提升到2020年的5.6%。2013—2018年，全国国有及国有控股企业的净资产利润率从7.6%降至5.4%。

4. 资产负债率有所下降

2015年，全国国有及国有控股企业资产负债率处于最高水平，达到了66.3%；此后，连续下降至2019年的63.9%。尽管在2020年有微幅反弹，但在2021年再次回落至63.7%。

5. 资产周转率趋于稳定

2013—2018年，全国国有及国有控股企业的资产周转率呈现单边连续下滑态势，企业的资产周转速度连续放缓。2013年，全国国有及国有控股企业的资产周转率还有0.51次每年，到2018年已经下降到仅0.33次每年。

6. 中央企业盈利水平高于地方国有企业

2012年以来有数据的各年度中，中央企业收入利润率、净资产利润率、成本费用利润率明显高于地方国有企业，中央企业的盈利水平明显高于地方国有企业。无论是中央企业还是地方国有企业，收入利润率与成本费用利润率都有波动上升的趋势，但净资产利润率均呈现出较明显的波动下降趋势。

7. 地方国有企业营业总收入与利润总额增长快于中央企业

2012—2021年，中央企业的营业总收入增长了60.1%，同期地方国有企业营业总收入增长了107.3%；中央企业利润总额增长了90.2%，地方国有企业同期则增长了139.4%。2013—2020年，中央企业经营总成本增加了23.8%，地方国企的同期经营总成本则增加了57.1%。

（二）中央企业改革发展的成就

党的十八大以来，中央企业的体量规模不断壮大，经济与社会贡献更加突出：资产总额从 2012 年底的 31.4 万亿元增长至 2021 年底的 75.6 万亿元；营业收入从 22.3 万亿元增长至 36.3 万亿元；利润总额从 1.3 万亿元增长至 2.4 万亿元；净利润从 0.9 万亿元增长至 1.8 万亿元。2021 年，中央企业上缴税费 2.4 万亿元，比 2012 年增长 35.5%。

1. 国企改革三年行动促进中央企业效率效益改善

入围世界 500 强中央企业的效率效益有不同程度改善，人均营业收入从 2020 年的 35.80 万美元，提高到 2022 年的 45.23 万美元；人均净利润从 2020 年的 0.79 万美元，提高到 2022 年的 1.32 万美元；收入利润率从 2020 年的 2.22%，提高到 2022 年的 2.93%；资产利润率从 2020 年的 1.30%，提高到 2022 年的 1.47%；净资产利润率从 2020 年的 5.30%，提高到 2022 年的 6.70%。

2. 创新成为推动中央企业高质量发展的关键力量

2012—2021 年，中央企业累计投入研发经费 6.2 万亿元，年均增速超过 10%。2021 年底中央企业拥有研发人员 107 万人，比 2012 年底增长 53%，拥有两院院士 241 名，约占全国院士总数的 1/7。截至 2021 年底，中央企业的国内外研发机构数量达 5327 个，其中，国家重点实验室 91 个。中央企业在电网特高压、载人航天等技术领域的关键环节取得了重要突破。

3. 以重组整合推动国有资本布局优化与结构调整

国有资本进一步向国家战略性、前瞻性产业，向涉及民生的重要领域集中，积极发展新技术、新产业，改造传统产业，加快过剩产能和低效无效资产退出。近年来，中央企业对战略性新兴产业投资力度持续加大，重点发展新一代信息技术、新能源、高端装备制造业，加快打造新能源汽车、北斗、区块链等一批数字协同创新平台，加快天翼云、海工装备创新平台落地。国有企业专业化重组整合进一步优化了国有资本的配置效率，提升了国有企业的竞争力。

4. 国际化经营深入推进

“十三五”期间，中央企业实现的海外营业收入超24万亿元，利润总额近6000亿元，对外投资收益率达6.7%。中央企业在共建“一带一路”国家和地区设立了7180户经营单位，高质量完成了比雷埃夫斯港、中白工业园等一批标志性重大项目建设。中央企业加快海外上市和并购步伐。譬如，中国化工并购先正达。

（三）国有企业与世界领先企业的财务差距分析

1. 采矿与原油生产行业比较

2022年《财富》世界500强中，9家为中国国有企业。其中，收入和净利润排名最高的均为中国海油，分别居行业内第3位和第5位。从效益指标看，收入利润率排名最高的是中国海油，为7.24%，不及排名首位的淡水河谷的1/5；净资产利润率排名最高的是中国海油，为9.21%，不及排名首位的淡水河谷的1/7。从效率指标看，人均营业收入排名最高的是中国海油，为156.77万美元，不及首位Cenovus能源的1/4；人均净利润排名最高的是中国海油，为11.34万美元，仅相当于首位沙特阿美的7.4%；资产周转率排名最高的是山东能源，为1.01次每年，比首位的嘉能可低0.59次。

2. 车辆与零部件行业比较

2022年《财富》世界500强中，5家为中国国有企业。其中，收入和净利润排名最高的均为上海汽车，分别居行业内第9位和第13位。从效益指标看，收入利润率排名最高的是中国一汽，为3.29%，不及首位的梅奔集团的1/4；净资产利润率排名最高的是中国一汽，为10.02%，不及首位的福特汽车的1/3。从效率指标看，人均营业收入排名最高的是中国一汽，为92.21万美元，相当于首位起亚公司的

78.5%；人均净利润排名最高的是中国一汽，为3.03万美元，不及首位企业梅奔集团的1/5；资产周转率排名最高的是广汽集团，为1.17次每年，比首位的麦格纳国际低0.08次。

3. 电子、电气设备行业比较

2022年《财富》世界500强中，1家为中国国有企业，即中国电子。中国电子收入和净利润在行业内分别排名第10位和第16位。从效益指标看，中国电子收入利润率、净资产利润率均为负值，在全部16家企业中排名垫底。从效率指标看，中国电子人均营业收入为22.56万美元，排名垫底，只相当于首位小米集团的1/7；人均净利润为-0.08万美元，排名首位的三星电子为12.86万美元；资产周转率排名第11位，资产周转率为0.69次每年，比首位的和硕低1.16次。

4. 工程与建筑行业比较

2022年《财富》世界500强中，10家为中国国有企业。其中，收入和净利润排名最高的均为中国建筑，分别居行业内第1位和第2位。从效益指标看，收入利润率排名最高的是中国建筑，为1.51%，不及排名首位西班牙ACS集团的1/6；净资产利润率排名最高的是中国建筑，为14.96%，不及首位西班牙ACS集团的1/3。从效率指标看，人均营业收入排名最高的是广州市建筑集团，为89.71万美元；人均净利润排名最高的是中国建筑，为1.21万美元，不及首位大和房建的1/3；资产周转率排名最高的是广州市建筑集团，为1.37次每年，比首位太平洋建设低0.09次。

5. 公用设施行业比较

2022年《财富》世界500强中，3家为中国国有企业。其中，收入和净利润排名最高的均为国家电网，均居行业内第1位。从效益指标看，收入利润率排名最高的是国家电网，为1.55%，不及首位西班牙Iberdrola公司的1/6；净资产利润率排名最高的是国家电网，为

2. 30%，约为首位意大利国家电力的 1/5。从效率指标看，人均营业收入排名最高的是国家电网，为 52. 87 万美元，约为首位意大利国家电力的 1/3；人均净利润排名最高的是国家电网，为 0. 82 万美元，约为首位西班牙 Iberdrola 公司的 7%；资产周转率排名最高的是国家电网，为 0. 63 次每年。

6. 金属产品行业比较

2022 年《财富》世界 500 强中，13 家为中国国有企业。其中，收入和净利润排名最高的均为中国宝武，分别居行业内第 1 位和第 6 位。从效益指标看，收入利润率排名最高的是紫金矿业，为 6. 96%，相当于首位安赛乐米塔尔的 35. 7%；净资产利润率排名最高的是山东钢铁，为 40. 33%，比首位纽柯低 8. 38 个百分点。从效率指标看，人均营业收入排名最高的是杭州钢铁，为 366. 84 万美元，比首位正威国际低 133. 43 万美元；人均净利润排名最高的是紫金矿业，为 5. 54 万美元，不及首位纽柯的 1/4；资产周转率排名最高的是杭州钢铁，为 2. 90 次每年，比首位贺利氏控股低 1. 49 次。

（四）国有企业与领先企业的创新差距分析

1. 研发强度比较

中国企业研发投入强度与美国优秀企业相比，存在较大差距。2021 年工业研发投入 2500 强中，779 家美国企业的平均研发强度为 7. 8%，远高于 683 家中国企业的 3. 6%，也远高于中央工业企业的 2. 9%。

2. 专利布局比较

中国通信院发布的《全球 5G 专利活动报告（2022 年）》显示，截至 2021 年 12 月 31 日，在 ETSI 进行 5G 专利声明的产业主体中，排名前十的企业分别是华为（14%）、高通（9. 8%）、三星（9. 1%）、LG（8. 3%）、中兴（8. 3%）、诺基亚（7. 6%）、爱立信

（7.2%）、大唐（4.9%）、OPPO（4.5%）、夏普（3.4%）。国有企业中，只有中兴和大唐上榜。科睿唯安（Clarivate Analytics）发布的报告 *Demystifying the 5G Standard Essential Patent Landscape with Manual SEP：Phase 2* 显示，在5G标准声明的21626族授权专利中，有4796族为5G“核心”标准专利；华为、三星、LG、高通、诺基亚和爱立信等6家公司合计拥有70%的5G“核心”标准专利，其中华为的5G“核心”标准专利持有量排名第一，为21%。5G核心专利前六持有主体中并没有国有企业。

三、建设世界一流企业的主要经验和举措

在试点工作开展与企业自觉努力的推动下，中国企业在世界一流企业建设取得了突出成就，在实践中形成了有自身特点的经验和做法。同时，还研究了欧美国家建设世界一流企业的关键管理要素。

（一）欧美国家建设世界一流企业的主要经验

欧美国家建设世界一流企业的7项关键最佳实践，即战略管理、运营管理和创新管理是世界一流企业核心管理要素，公司治理和企业家精神是世界一流企业基础管理要素，人力资源管理以及质量、流程、知识、IT管理与风险管控是世界一流企业支撑管理要素。

1. 战略管理

一是设定高远目标。世界一流企业普遍追求的战略目标包括：要么第一，要么唯一。世界一流企业必须是全球市场领导者，并且始终保持全球领先地位。二是专注核心业务。世界一流企业的战略思想：聚焦、聚焦、再聚焦！三是规划长远战略。世界一流企业战略规划需要拥有“现有业务、成长业务和未来业务”的合理组合。四是面向全球市场。面向全球市场可以扩展市场、分散风险、降低成本、促进增长、学习标杆企业。全球化发展能够更好地贴近客户、贴近人才。五

是主动拥抱变化。世界一流企业要持续有效应对各种变化、风险与危机。六是实现持续增长。通过自主研发产品实现“有机增长”是世界一流企业的主要增长方式。

2. 运营管理

世界一流企业需要高效创新与卓越运营并重，实现二者双轮驱动发展。波音公司将供应商分为三级：零部件供应商、子系统供应商及模块供应商。在模块供应商基础上，波音公司进行总装集成，使得一个新的飞机机型从策划立项到第一架飞机交付平均只需 5.5 年。

3. 创新管理

世界一流企业是全球创新领导者，不但要掌握核心技术，也要进行基础研究。世界一流企业要制定和实施面向持续领先的技术—平台—产品规划与开发路线图，建立集团—事业部两级研发体系，同时强化总部研究院的建设，通过总部研究院积极布局前沿技术，支持未来产业的发展。

4. 公司治理

公司治理是指“董监高”的职责划分及有效履行。一些企业被职业经理控制，董事会不能有效履责，导致只注重短期经营业绩，忽视中长期战略投入。一些企业监事会形同虚设，无法对董事会进行有效监督，导致有的企业盲目投资扩张或进行无序并购，从而走向衰亡。

5. 企业家精神

企业家精神是专注于将一件事做到极致的精神，其核心特质是敢于冒险、善于创新。管理学大师德鲁克说：“在每一个旷世伟业的背后，总站着一个肩担重任、苦心孤诣的人。”

6. 人力资源管理

人才充分发挥潜能的有效管理是企业最宝贵的财富。组织模式及岗位设置的合理性、各岗位人员的专业性及数量保证、绩效考核与激励制度的有效性是提升组织绩效的三大关键抓手。世界一流企业都是高效运转的企业。

7. 质量、流程、知识、IT管理与风险管控

有效流程和知识管理，能使企业实现“可复制”的持续稳健增长。企业发展过程中会常态化地面临各种经营风险，风险管控不当会导致企业遭受巨大损失，甚至破产消亡。企业要居安思危、未雨绸缪，做到在极限施压下也能确保战略安全。

（二）中央企业试点开展世界一流企业建设的主要经验

2019年1月至2021年7月，国务院国资委明确航天科技、中国石油、国家电网、中国三峡集团、国家能源集团、中国移动、中航集团、中国建筑、中国中车集团、中广核等10家（加上增补的中国宝武，实际上是11家企业）中央企业为创建世界一流示范企业，计划用3年左右的时间，有针对性地铺开多领域综合性改革举措，重点探索培育具有全球竞争力的世界一流企业的有效路径。

1. 以终为始，高站位规划

（1）做好顶层设计，统筹中长期发展

中国石油坚持创建目标科学合理性和先进可实现性，确保发展目标共识的科学有效性；坚持创建世界一流企业与中长期规划统筹结合，确保创建世界一流企业工作与企业中期规划统筹、互通。国家能源集团、中国宝武坚持系统观念，深刻认识做强做优做大内在逻辑，统筹国内外资源，正确处理整体和局部、短期和中长期发展关系，强调协同发展，形成发展合力。

（2）明确战略目标，找准“创一流”方向

中国建筑确定了“一创五强”方向，从价值创造力强、创新引领力强、品牌影响力强、国际竞争力强、文化软实力强等五个方面，着力创建具有全球竞争力的世界一流企业。

2. 分步推进，高起点执行

（1）明确任务优先次序，着重突破“创一流”关键环节

中国中车集团坚持整体推进与重点突破相结合，围绕保障“创一流”工作整体取得成效，策划实施了“八大工程”作为创建世界一流企业的“牛鼻子”，明确各项重点工程的目标和措施，确保在部分细分领域和关键环节取得实质性突破。

（2）坚持以对标推进世界一流企业建设

中航集团以全球视野对标国际领军的世界一流航空企业，对标细分领域领先的冠军企业，对标行业典范的优秀案例和先进经验，从竞争力、创新力、控制力、影响力、抗风险能力方面进行全面深入对标，明确自己所处的位置、存在的短板问题和正确发展方向。

3. 深化改革，高标准实施

（1）坚持深化改革

中广核坚持市场化方向，持续全面深化改革，不断完善公司治理，提升管控水平，优化投资布局，完善内部市场化机制，力求考核激励更加科学有效。

（2）坚持创新驱动发展

中国移动坚持把科技创新作为“创一流”的根本动力，高标准开展关键核心技术攻关，高水平建设原创技术策源地，强化科技创新布局，构建“一体四环”创新体系，推动5G和人工智能、云计算等新一代信息技术融合创新，超前布局6G、量子信息等前沿领域，支撑高水平科技自立自强。

4. 党建引领，高质量保障

航天科技、国家电网、中国三峡集团全面落实“两个一以贯之”，推动党的领导与公司治理有机结合、党的建设与生产经营深度融合，将党的政治优势高效转化为公司治理效能，确保世界一流企业建设始

终沿着正确方向推进。

（三）推动企业开展世界一流企业建设的主要举措

党的十八大以来，在国家顶层设计的指引下，政府和企业围绕着创建世界一流企业的目标积极开展相关实践，探索建设世界一流企业的实现方式和路径，形成了以战略层面导入为引领、以对标管理提升为重点、以示范标杆创建为抓手、以深化国企改革为依托、以完善推进机制为保障的做法。

1. 以战略层面导入为引领

目前，绝大多数中央企业都在战略层面进行了建设世界一流企业的导入。从导入方式来看，既有直接采用建设世界一流企业的普适型表述，又有结合行业特色和企业实际的特定型表述。对于企业愿景的普适导入，中国电科、南方电网、华润集团、招商局集团等企业直接将“建设世界一流企业”或“建设具有全球竞争力的世界一流企业”作为公司愿景。对于企业愿景的特定导入，中核集团、中国石油、中国远洋海运、中国五矿等企业结合行业特色，提出了建设特定类型世界一流企业的愿景。对于战略目标的普适导入，国家能源集团、中国宝武等企业直接把“建设世界一流企业”或“建设具有全球竞争力的世界一流企业”作为公司发展战略目标。对于战略目标的特定导入，中国船舶、中国三峡集团、中国移动等企业结合行业特色提出了建设特定类型世界一流企业的战略目标。

2. 以对标管理提升为重点

在国务院国资委的统一部署下，中央企业于2013年和2020年两次开启对标世界一流管理提升的行动。围绕着战略、组织、运营、财务、科技、风险、人力资源和信息化8个方面，聚焦“与谁对”“对什么”“怎么对”核心问题，按照部署、组织落实和评估深化三个阶段全面推进，普遍建立了“一个实施方案、一个提升清单、一套对标样本、一套评价体系”的“四个一”对标提升模式，形成了全过程、全级次、全方位的对标管理体系。

3. 以示范标杆创建为抓手

示范标杆创建是探索世界一流企业建设规律和模式、形成典型做法和经验并予以推广的重要方式和抓手，是发挥先进企业引领示范作用的行之有效的方法和手段。在国务院国资委的统一部署下，中央企业开展了世界一流示范企业创建行动，航天科技等11家中央企业围绕“三个领军”“三个领先”“三个典范”的世界一流企业核心内涵，全面推进世界一流示范企业创建工作，示范引领作用日益彰显。

4. 以深化国企改革为依托

党的十八大以来，在“1 + N”政策体系的顶层设计下，深化国资国企改革取得多个方面的重要突破，中央企业的体制机制改革步伐明显加快，在多个重点领域和关键环节取得了新的突破。中央企业在混合所有制改革、重组整合、“两非”（非主业、非优势业务）剥离、公司制改革、三项制度改革等方面加快推进和取得实质性进展，中国特色现代企业制度更加成熟定型，市场化经营机制更加健全，有力推动着中央企业朝着世界一流企业迈出更加坚实的步伐。

5. 以完善推进机制为保障

中央企业创建世界一流企业绝不只是“运动”式的短期行为，而应形成建设世界一流企业的长效机制。为了更加有效和长效地建设世界一流企业，中央企业应坚持系统谋划，构建相应的组织体系，建立健全工作机制，确保建设工作扎实有序推进。

四、加快建设世界一流企业的对策建议

党的二十大擘画了全面建成社会主义现代化强国、以中国式现代化全面推进中华民族伟大复兴的宏伟蓝图，提出要“完善中国特色现

代企业制度，弘扬企业家精神，加快建设世界一流企业”，强调要“深化国资国企改革，加快国有经济布局优化和结构调整，推动国有资本和国有企业做强做优做大，提升企业核心竞争力”。新阶段新征程，需要深入把握世界一流企业的成长规律，立足我国国情和党的二十大的要求和部署，从国家推动和企业自身两个层面共同发力，推动我国企业朝着世界一流企业方向走深走实走新。

（一）推进国有企业加快建设世界一流企业的建议

1. 优化国有资本布局和产业结构调整

（1）以市场化方式加大专业化整合力度

稳步提高直接融资比重，培育和推动更多符合条件的企业上市融资、增资扩股，推动专业化整合，推动资源向优势企业和主业企业集中，增强企业核心竞争力，提升资源配置效率，加快战略性新兴产业布局，更好发挥国有经济的战略支撑作用。

（2）以“进退整合”加大专业化整合力度

“进”就是瞄准高水平、导向性，支持推动国有资本协同合作，促进固链、补链、强链、塑链。“退”就是持续推进低效无效资产和非主业、非优势业务退出，做好产能过剩行业整合，促进产业调整升级。“整”就是积极推动检验检测、医疗健康、装备制造、矿产资源、煤电等领域资源整合，避免重复投资和同质化竞争。“合”就是支持企业按照市场化、法治化方式，加强内部资源深度融合，形成强大合力。

2. 推动传统产业升级和战略性新兴产业培育

（1）传统产业升级

制定重点行业领域布局结构调整指引，推动中央企业在关系国家安全、国计民生重点行业的布局比重不断提高。一是破除传统产业升级的技术壁垒。加强对关键数字技术攻关的统筹协调，牵头成立若干国家级关键数字技术研发中心，建立研发成果向行业企业公开的机制，促进中小企业低成本应用和融通创新。二是健全促进传统企业创新的支持体系。着力培育若干规模大、实力强、辐射带动作用突出的行业领军企业，建立常态化的龙头企业带动、上下游企业配套的产业合作机制，形成产业链上大中小企业互相支撑、互相拉动、联合创新的局面。强化公共技术服务支撑。聚焦企业共性需求，建设和完善技术基础服务平台，依托有条件的企业研发实验室建设技术转化初试、中试基地，为推动创新成果落地创造条件。三是加强高技能人才培养。各地可结合产业发展需求探索“地方粮票”学习制度，依托地方院校采用定向招生、定向培养、定向上岗等方式，为企业培养紧缺型高技能人才。完善面向高技能人才的市场化薪酬体系，积极为企业提供配套公共服务设施，确保人才“引得进、留得住”。

（2）战略性新兴产业培育

第一，技术创新是培育发展战略性新兴产业的主攻方向。选择具有引领带动作用并且能够实现突破的若干重点方向，加快突破制约其发展的关键技术、核心技术和系统集成技术。充分利用好国家重大科技专项，重点支持带动性强的重大科技成果的转化项目，在加快成果转化和产业化中催生新兴产业。

第二，商业模式的融合、创新是培育发展战略性新兴产业的强大动力。在现代市场条件下，商业模式创新与企业的技术创新、产品创新同等重要，特别是制造业、现代服务业的加速融合，推动生产体系的重构，甚至成为新经济的显著特点。

第三，体制机制创新是培育发展战略性新兴产业的重要支撑。尊重市场规律和产业发展规律，放宽准入门槛，简化审批程序，为资本有序进入和产业健康发展提供制度保障。综合运用产业、税收、财政、金融等手段，促进资金、技术、人才等生产要素向战略性新兴产业集聚，充分发挥激励功能，有效促进技术创新和资源优化配置。此外，应强化知识产权保护，完善战略性新兴产业相关的技术标准，切实保障创新者权益。

3. 建立分层分类的世界一流企业培育体系

根据企业实际情况，按照世界一流、国内一流、行业世界一流、省内一流目标定位，指导各省市建立重点突出、分层分类的一流企业培育体系；各地市属一级企业对标行业省内一流企业，争创行业国内一流企业、行业世界一流企业；二级及以下企业重点争创专精特新、“小巨人”企业、单项冠军等细分领域龙头企业，积极争创行业一流企业。同时，中央企业和省属国企要全面实施对标一流质效提升工程，锚定行业省内一流、国内一流、世界一流目标企业，根据自身实际，从经营指标、运营效率等方面，设定对标清单，找差距、定措施，补短板、强弱项。坚持深耕主业，强身健体，聚力突破，强化核心竞争力，不断提升行业话语权和市场影响力。

4. 着力推进企业科技创新体系建设

要构建以企业为主导、产学研深度融合的创新体系。一是发挥企业产学研主导作用，逐步形成领军企业牵头、高校和科研院所协同推进的新局面。进一步强化企业作为出题人、主答题人和阅卷人的地位。完善高校、科研院所与企业的协作机制，引导产学研等多方主体的协同联动和科研成果的贯通式转化。二是支持企业牵头组建创新联合体。立足社会主义市场经济条件下的新型举国体制，发挥集中力量办大事的制度优势，支持企业牵头组建创新联合体，承担国家重大技术攻关任务。围绕事关国家安全、产业核心竞争力、民生福祉的重大战略任务，持续推进科技项目“揭榜挂帅”“赛马制”。推动企业牵头或参与国家实验室等国家级创新平台建设。三是引导建立产学研深度融合的利益分配和风险控制机制。加快扭转科技成果转化渠道不畅、转化动力不足的现状。充分考虑创新的贡献率，明确界定企业、高校和科研院所的责、权、利。建立健全风险控制机制，完善风险评估体系和风险共担机制。

5. 壮大世界知名品牌中国方阵

世界一流企业一定是国际质量高标准执行者、制定者，也会享受“标准带来的红利”。这就要求我国的优势企业在质量上率先突破、发挥先锋作用，积极参与国际标准化的合作与竞争，形成一批被国际社会广泛认可的行业、产品以及管理标准。通过简政放权，积极推动企业标准建设的市场化，鼓励一些优势企业制定严于国家标准、行业标准、地方标准的产品和服务标准，完善和深入推进企业产品和服务标准自我声明公开和监督制度的建设，鼓励专业的社会机构对企业标准进行评价。

6. 推动企业提升现代治理和管理水平

当前国资国企改革的一项重要任务，就是推动国有企业治理与管理现代化水平的提升：董事会应建尽建与授权放权改革、外部董事制度完善、对标世界一流管理提升活动的开展，目的都在于提升国有企业治理与管理水平。深化政企分开、政资分开，推进经营性国有资产集中统一监管，推动社会公共管理部门不行使国有资产出资人职责，国资监管机构不行使公共管理职能。推动国资监管机构职能转变，坚持授权与监管相结合、放活与管好相统一，优化监管方式手段，注重通过公司章程、法人治理结构履职尽责，对不同企业实行差异化分类考核、分类监管，强化监督协同、严格责任追究，切实维护国有资产安全。深化国有资本投资、运营公司改革，调整优化管控模式，国有资本投资公司更加注重服务国家战略、提升产业竞争力，国有资本运营公司更加注重提升资本运营效率、提高资本回报水平。

7. 大力激发与弘扬企业家精神

一是切实提升企业家自身专业素养与能力，积极参加专业能力培训学习、参与先进管理经验交流，掌握现代管理理论与方式方法，增强决策分析能力。二是提升企业家的战略远见能力，坚持以长远发展视角来统筹安排企业生产经营活动，高度重视创新对企业持续发展的重要性，着力增强企业自主创新能力。三是培育和聘用有全球视野的企业家，不拘泥不满足于本土市场发展，敢于与全球优秀企业直接进行竞争，掌握和利用全球资源。四是培育和聘用善于在逆境中拼搏进取的企业家，越是在艰难困苦之中，越是要发挥企业家艰苦奋斗精神，以鼓舞企业士气，迎难而进。五是建立健全市场化的企业家激励约束机制，要让企业家合理分享企业发展成果。企业既要有创新发展的容错机制，也要有决策失误的追究补偿机制，让企业家敢于决策、科学决策。

8. 帮助企业建立风险防控体系

一是风险识别，收集与公司风险管理相关的内部、外部初始信息，并对收集的初始信息和各项业务管理流程进行风险识别和风险分析。二是风险评估，根据公司经营目标，定期开展风险偏好和风险承受能力评估工作，制定风险应对策略并实施动态管理。三是风险应对，将风险应对策略、风险应对措施、法务合规要求等嵌入各业务流程、活动中，融入规章制度，优化内部控制，提高运行效率。同时，落实合同、制度、重大决策三项法务审核，开展合规审查，有效防范风险。四是风险监督与改进，法务风控部门及时跟踪、监督风险一体化管理状况，根据监督结果对风险一体化管理工作进行改进与提升。五是考核与责任追究，强化法务、合规、内控、风险一体化管理考核与责任追究，将管理情况纳入企业经营绩效考核，并按照法律法规及公司规章制度进行责任追究。

（二）国有企业加快建设世界一流企业的建议

1. 立足现代化产业体系建设打造强大主业

一是推进业务结构调整，清理退出无竞争优势的非主营业务，处置低效无效资产，实现聚焦发展。二是围绕主业进行全球投资布局，在全球范围内并购重组有助于补全主业短板、完善主业产业链供应链的优质资产，打造全球行业优势龙头企业。三是弘扬工匠精神，开展卓越管理，将核心产品（服务）打造成具有全球美誉度的卓越产品（服务），增强产业链供应链黏性。四是进行全球专利布局，做好国内专利申请与知识产权保护，做好专利布局，择机投资参股拥有全球核心专利的企业或机构，通过技术进步，掌握国际标准必要专利。

2. 着眼掌握自主核心技术提升创新能力

一是落实创新驱动发展战略，加大研发投入力度，将研发强度提升到更具竞争力的水平。二是变革科研创新管理，落实科研创新"揭榜挂帅"制度，完善科研投入产出考核。三是搭建公共创新平台，多方位开展研发合作，全面整合利用企业内外、国际国内创新资源。四是优化创新激励机制，丰富关键科研人才激励方式，充分激发科研人员创新动力和潜力。五是全力引进高端关键人才，执行高端人才特殊薪酬制度，建立健全科研创新容错机制。六是畅通科研成果商业化应用转化渠道，确保有市场前景的科研创新成果快速完成商业化应用，落实科研人员项目跟投制度。七是参与国际标准制定，积极加入国际标准化组织，积极参与或主导制定行业国际标准。

3. 强化价值创造管理提高盈利能力

一是建立追求高价值创造的企业文化。落实好价值创造能力提升行动，坚持问题导向、市场导向和价值创造导向，加强价值创造管理。二是建立健全价值创造管理运行机制。充分考虑企业与员工、效率与公平、当期与长期、激励与约束等方面关系，制定科学高效的价值创造管理制度体系。三是建立健全价值创造执行和辅导制度。通过自我判断以及从客户等利益相关者处反馈的信息，对进度落后、方向偏差等问题及时追赶纠偏，为价值创造评价做好准备。

4. 持续深化改革深度激发企业活力

一是加快推进现代企业制度建设，把党的领导有机嵌入公司治理，建设中国特色现代国有企业制度。二是提升企业管理水平，持续开展管理诊断、管理学习与管理经验交流，优化组织架构，压减管理层级，重组管理流程，引入实施现代管理方法。三是积极开展管理创新，探索提炼具有中国特色、适合中国国情的企业管理理论与管理方法，形成可复制推广的中国式管理新模式。四是提升风险意识，建立健全内控体系，规范开展投资风险评估，动态监控评估风险隐患，制定风险应对预案，抓好风险应对演练。

5. 大力推进企业品牌和形象建设

一是强化品牌意识，制定品牌发展战略，加大品牌建设投入，不断提升品牌知晓度与美誉度。二是加强品质管理，铸造中国产品良好口碑，赢得全球用户信赖，增强全球用户黏性。三是提升品牌发展能力，积极应用品牌管理的科学理念与方法，学习借鉴国内外优秀企业品牌建设的成功经验，提高企业品牌管理与运营能力。四是全力塑造“全球优秀企业公民”良好形象，确保诚信守法与合规经营，为社会发展贡献力量，强化环保意识，坚持走绿色低碳可持续发展道路。五是积极参与全球知名品牌评价活动，充分展示品牌建设成果，展现中国品牌综合实力，进一步提升中国品牌全球形象，加快全球品牌推广。

6. 持续推动绿色低碳转型发展

一是坚持新发展理念和系统观念，转变片面强调速度和规模的传统思维，处理好发展与减排、近期与长远、全局与重点的关系。二是提高绿色转型主动性，将绿色转型作为企业长期发展战略，将绿色低碳发展理念融入公司整体战略。三是制定绿色低碳转型时间表和路线图，推进节能减碳重大关键技术创新，研发与生产绿色产品，提供绿色服务。四是以数字化、智能化赋能绿色转型，建立全生命周期碳排放基础数据库，优化企业减碳方案，降低能耗物耗，降低生产成本。五是学习借鉴世界一流企业绿色低碳发展经验，加强 ESG 信息的主动披露，树立负责任的企业形象。

课题组成员名单

联合组长

郭祥玉　国务院国资委企业改革局局长

朱宏任　中国企业联合会党委书记、常务副会长兼秘书长

联合副组长

唐祖君　国务院国资委企业改革局副局长

杨　磊　国务院国资委企业改革局二级巡视员

成　员

王　健　国务院国资委企业改革局二级巡视员

张宏丹　国务院国资委企业改革局处长

王秀国　国务院国资委综合研究局处长

朱　笛　中国交通建设集团有限公司战略发展部高级主管

高　蕊　中国企业联合会研究部副处长

丁春燕　中国企业联合会研究部助理研究员

缪　荣　中国企业管理科学基金会理事长

张文彬　中国企业联合会创新部主任

王建军　中国企业联合会文化部主任

陈　劲　清华大学教授

彭剑峰　中国人民大学教授

王吉鹏　北京仁达方略管理咨询有限公司董事长

陈攀峰　出海远民企业咨询公司董事长

罗一飞　华夏基石咨询公司高级合伙人

张德华　中国企业联合会研究部副处长

吴　晓　中国企业联合会研究部主任科员

党的十九大以来中央企业高质量发展成就和规律研究

国务院国资委考核分配局

摘　要　本课题立足党的十九大以来党和国家对中央企业高质量发展的总体安排部署，围绕中央企业高质量发展内涵要义，从竞争力、创新力、控制力、影响力和抗风险能力五个方面，总结了中央企业所取得的发展成就。通过分析各要素、各层次间的作用关系，提出中央企业高质量发展的五大规律：把握好党的领导与高质量发展之间的关系，统筹好国家战略和市场需求，把深化改革创新作为解决一切发展难题的最重要方法，以中国特色国资监管新模式充分保障中央企业高质量发展，在保持与自然社会环境动态平衡中实现可持续发展。此外，课题明确了中央企业未来的使命责任与功能定位，研判了中央企业未来的发展趋势和方向，对中央企业高质量发展提出了思考建议。

关键词　党的十九大；中央企业；成就；规律

一、引言

习近平总书记在党的十九大报告中提出，我国经济已由高速增长阶段转向高质量发展阶段，正处在转变发展方式、优化经济结构、转换增长动力的攻关期，建设现代化经济体系是跨越关口的迫切要求和我国发展的战略目标，必须坚持质量第一、效益优先，以供给侧结构性改革为主线，推动经济发展质量变革、效率变革、动力变革。近五年来，国内外经济形势剧烈变化，中美贸易摩擦频繁，新冠疫情全球大流行，中国经济只有尽快迈入高质量发展阶段，才能从容应对百年未有之大变局。高质量发展相对于过往发展阶段的规模和水平而言，体现的是新发展理念的发展，是创新成为第一动力、协调成为内生特点、绿色成为普遍形态、开放成为必由之路、共享成为根本目的的发展。更明确地说，就是从“有没有”转向“好不好”的发展。

企业是我国经济高质量发展的微观主体。国有企业作为中国特色社会主义的重要物质基础和政治基础，是党执政兴国的重要支柱和依靠力量。中央企业作为国有企业的领头羊，在建设现代化经济体系中发挥着主导作用和骨干力量，是国有经济的中流砥柱。经过多年的改革发展，中央企业焕发了青春、增强了活力，规模和实力都已大大提升。随着全面建成小康社会目标的顺利完成，我国已开启全面建设社会主义现代化国家新征程，正向第二个百年奋斗目标进军，我国整体经济格局正步入新常态，然而国际竞争格局风谲云诡，中央企业面临着结构性调整、创新性驱动的内在需求，实现高水平自立自强，支撑国有经济高质量发展变得尤为重要和紧迫。

《中共中央关于坚持和完善中国特色社会主义制度、推进国家治理体系和治理能力现代化若干重大问题的决定》首次完整提出要“增强国有经济竞争力、创新力、控制力、影响力、抗风险能力”（以下简称“五力”），这为新时期国有企业高质量发展指明了方向。党的十九大以来，中央企业坚决贯彻党和国家战略部署，以提高质量和效益为中心，树立和落实新发展理念，加快从要素驱动向创新驱动转变，从过去偏重规模和速度的粗放型增长向更加注重质量和效率的集约型增长转变，实现从以往侧重对规模、范围、利润、世界500强数量等各类具体指标的考量，到更加关注企业竞争力、创新力、控制力、影响力和抗风险能力等内在实力的切实提升。通过对“五力”全面深刻的理解与实践，中央企业充分激发了高质量发展的澎湃动能，扎实提升了产业基础能力和产业链现代化水平，有效防控了各种风险，持续促进了企业做强做优做大，切实打造了一批具有国际竞争力的世界一流企业，走上了高质量发展之路。

二、党的十九大以来中央企业高质量发展成就

党的十九大以来，面对错综复杂的国际形势及困难挑战，面对艰巨繁重的国内改革发展稳定任务，国务院国资委和中央企业立足新时代、新方位，深入贯彻落实习近平总书记系列重要指示批示和党中央、国务院重大决策部署，牢牢把握高质量发展这个根本要求，印发和落实推动中央企业高质量发展的指导文件，在优化国有资本布局、强化自主创新、完善中国特色现代企业制度、健全市场化经营机制等方面持续发力，创新探索出了一条适合中央企业改革发展的道路，全面增强了国有经济竞争力、创新力、控制力、影响力、抗风险能力。如图1所示。

（一）竞争力：稳中求进促发展

国务院国资委坚持稳中求进工作总基调，坚定不移贯彻新发展理念，部署了“国企改革三年行动”“中央企业提质增效专项行动”等一系列重要行动，印发了《关于开展对标世界一流管理提升行动的通知》《改革国有资本授权经营体制方案》等一系列指导文件。中央企业在经

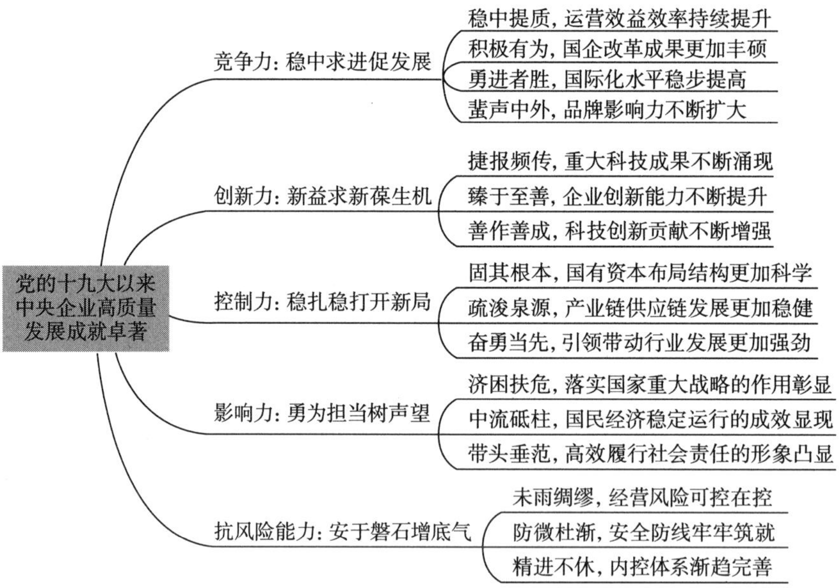

图 1　党的十九大以来中央企业高质量发展成就卓著

营效率效益、国企改革、国际化水平、品牌影响力等方面交出优异答卷，在国内和国际两个市场表现出强大的竞争力。

一是稳中提质，运营效益效率持续提升。2021 年，中央企业资产总额 75 万亿元，营业收入 35 万亿元，净利润超过 1.5 万亿元，均显著优于 2017 年水平，且净利润增速远超营业收入增速。企业营业收入利润率、资产负债率、全员劳动生产率等效率指标也较 2017 年有所改善。

二是积极有为，国企改革成果更加丰硕。截至 2021 年末，中央企业集团公司及重要子企业已全部完成党委（党组）前置研究讨论重大经营管理事项清单制定工作。中央企业各级子企业已基本实现董事会应建尽建，外部董事占多数的企业比例超过 99%。中央企业“两非”（非主业、非优势）剥离完成率超过 85%，重点亏损子企业三年减亏超过 80%，圆满完成专项治理任务。持续开展中长期激励，中央企业实施中长期激励子企业占具备条件子企业的比例超过 85%，惠及约 27 万员工。

三是勇进者胜，国际化水平稳步提高。2021 年，中央企业海外资产超过 8 万亿元，较 2017 年增长约 1 万亿元，国际化运营水平跃上新台阶。截至 2021 年底，中央企业在全球 180 多个国家和地区拥有机构和项目，打造了蒙内铁路、匈塞铁路、巴西美丽山特高压输电项目、希腊比雷埃夫斯港等一批标志性工程。

四是蜚声中外，品牌影响力不断扩大。一大批中央企业脱颖而出，已连续多年成为《财富》世界 500 强和《世界品牌 500 强》新进企业最重要的培育摇篮。2021 年，49 家中央企业进入《财富》世界 500 强，中国交建、中国五矿、中国一汽、中国宝武、中国海油排名较 2017 年实现大幅提升，跻身前 100 名；13 家中央企业进入《世界品牌 500 强》，国家电网、中国石化、中国石油等多家中央企业排名实现较大提升。

（二）创新力：新益求新葆生机

国务院国资委聚焦“增强国有经济创新力”，全面落实创新驱动发展战略，成立推动中央企业科技创新工作领导小组、设立科创局、开展“国企改革三年行动”和“双百行动”等，构建科技创新运行机制，以科技创新为核心，带动制度创新、机制创新和理念创新，为中央企业高质量发展注入源源不竭的强劲动能。中央企业多管齐下、多措并举，大力实施创新驱动、推进科技创新、承担重大科技项目，争当全球创新领先者，创新能力和水平获得实质性持续性提升，有力支撑国家战略和现代化经济体系建设。

一是捷报频传，重大科技成果不断涌现。中央企业在载人航天、深海探测、高速铁路、高端装备、能源化工、移动通信、北斗导航、国产航母、核电等领域涌现出一大批具有世界先进水平的标志性重大创新成果；建成港珠澳大桥、白鹤滩水电站、“深海一号”油气田、“华龙一号”核电机组、石岛湾高温气冷堆核电站示范工程等一批标志性重大工程，极大振奋了中华民族自信自强的志气、骨气和底气。

二是臻于至善，企业创新能力不断提升。中央企业持续加大科技研发经费投入，积极开展高水平科技平台建设，相继建成新能源汽车、北斗、电子商务、区块链等一批数字创新平台，打造形成物流大数据、海工装备等一批协同创新平台，吸引集聚一批高层次创新人才，为未来发展积蓄创新后劲；持续推进企业数字化转型升级，已有40%以上的中央企业设立人工智能技术研发机构，实现柔性生产、实时制造等先进生产技术与方式加快落地。

三是善作善成，科技创新贡献不断增强。中央企业依靠创新驱动带动产业高质量发展，积极融入国家基础研究创新体系，在5G通信、高速铁路、大飞机、发动机、能源电力等一些关系国民经济命脉、产业发展安全的“卡脖子”关键核心技术上，冲锋在前、尽锐出战，实现更多“从0到1”的突破。无论是代表国家实力的天宫探梦、嫦娥奔月，还是捍卫国家主权的航空母舰、东风导弹、歼－20、运－20等，中央企业均发挥了举足轻重的作用。

（三）控制力：稳扎稳打开新局

国务院国资委全面落实党中央决策部署，相继出台一系列政策文件，为中央企业提升控制力提供了方法指引。中央企业坚持尊重市场规律，统筹协调推进，严格依法规范，积极推进供给侧结构性改革，开展结构调整与重组，在涉及国家安全、国民经济命脉和国计民生等领域的营业收入占总体比重超过70%，以优化布局结构的实际成效有力拓展高质量发展广阔空间。

一是固其根本，国有资本布局结构更加科学。中央企业在粮食、国防、能源、通信等关系国计民生的重要行业和关键领域地位更加巩固，在前瞻性战略性新兴产业布局中更加科学。通过推进战略性重组和专业化整合，加速提升了国有资本配置效率，持续推动非主业、非优势“两非”和低效、无效资产“两资”的退出，加大对相关新型基础设施建设投资，形成了一批行业产业龙头企业、一批科技创新领军企业、一批专精特新冠军企业、一批基础保障骨干企业。

二是疏浚泉源，产业链供应链发展更加稳健。中央企业勇挑重担、敢打头阵，勇当现代产业链“链长”，增强了产业链供应链韧性和竞争力，在现代产业体系构建中更好地发挥了支撑引领作用。巩固提升优势产业领域的国际领先地位，补齐产业链关键领域、关键产品、关键技术的薄弱环节和短板弱项，维护产业链稳定安全，融通带动产业链全链资源要素，带动全产业链上下游中小企业协同合作发展。

三是奋勇当先，引领带动行业发展更加强劲。中央企业依靠资源向优势企业和主业企业集中，解决同质化竞争、重复建设问题，增强企业市场竞争力，提升在国际标准、行业规则制定上的话语权和影响力，促进了相关行业、产业的高质量发展。宝钢、武钢重组后，通过发展高端产品、淘汰落后产能，在钢铁行业转型升级中发挥了良好带动作用；中远集团和中国海运重组后，多项指标实现世界第一，牵头成立了新的航运联盟“海洋联盟”，在全国航运业中发挥了重要作用。

（四）影响力：勇为担当树声望

聚焦落实“六稳”“六保”，畅通“两个循环”要求，国务院国资委先后印发了《关于推进中央企业高质量发展做好碳达峰碳中和工作的指导意见》《关于做好 2022 年服务业小微企业和个体工商户房租减免工作的通知》《关于中央企业助力中小企业纾困解难促进协同发展有关事项的通知》等一系列政策文件，开展了“抗疫稳岗扩就业”、消费扶贫等专项行动。中央企业积极作为，主动当好国家战略支撑、国民经济保障、社会责任履行的龙头骨干，以助推器、压舱石、排头兵的责任担当助力国有经济影响力持续增强。

一是济困扶危，落实国家重大战略的作用彰显。中央企业不断加大扶贫力度，定点帮扶的200 多个国家扶贫开发工作重点县全部脱贫摘帽，累计投入帮扶资金约 350 亿元，有力推动了贫困地区特色产业发展。中国中化、中国电子、中国船舶、中国三峡集团等中央企业服从区域发展大局，完成了总部在雄安新区、深圳、上海、武汉等地的落户，有力支撑区域重点战略的推进建设。围绕碳达峰碳中和目标，2021 年底，中国华电、中国大唐等能源电力中央企业均提前完成所属重点碳排放单位履约清缴工作，实现在全国碳市场首个履约周期的 100% 履约。

二是中流砥柱，国民经济稳定运行的成效显现。2018—2021 年，中央企业固定资产投资（不包括房地产投资）平均增速高于全国固定资产投资平均增速；累计上缴税费近 9 万亿元，占同期全国税收收入的 15% 左右。受新冠疫情影响，在全球经济衰退的 2020 年，中央企业总体效益依然维持正向增长；以身作则保市场主体、保产业链供应链稳定，2020 年通过商业保理、贴现等方式为上下游中小企业融资超过 2000 亿元，同时强化对民营企业投资，累计对外参股超 6000 户；持续稳外贸、稳外资，连续四年参加中国国际进口博览会，第四届进博会成交金额再创新高。

三是带头垂范，高效履行社会责任的形象凸显。2018 年至 2020 年底，通信企业通过降费让利的形式降低社会通信成本超过 6000 亿元，电力企业降低全社会用电成本超过 3000 亿元。新冠疫情期间，中央企业 10 余天时间先后建成火神山医院、雷神山医院，实现迅速转产扩产医用防护服、压条机、口罩机，确保全国 5 万多座加油站正常营业、重点用户电力供应万无一失，保证生活资源的高效有序供给。北京冬奥会期间，中央企业如期完成 12 个冬奥竞赛主场馆中的 10 个场馆的参建（改造）任务，京张铁路多项关键核心技术取得突破，并在奥运会历史上首次实现了全部场馆 100% 绿色供电。以境外项目为抓手，直接带动所在地近百万员工就业；主导或参与实施一大批基础设施和惠民工程，增进当地民生福祉；与项目所在国的人文交流越发频繁，约有 85% 的中央企业通过提供技术咨询服务等方式实现对境外国家或地区的技术帮扶和人才培训。

（五）抗风险能力：安于磐石增底气

围绕中央企业抗风险能力提升，国务院国资委发布《关于加强中央企业内部控制体系建设与监督工作的实施意见》《中央企业重大经营风险事件报告工作规则》《关于加强中央企业融资担保管理工作的通知》《中央企业投资监督管理办法》《关于进一步深化法治央企建设的意见》等政策文件，督促开展安全生产专项整治工作，部署了合规管理强化年、投资管理专项提升行动等，有效增强了中央企业防范、应对、化解各类风险的能力。中央企业始终把防范化解重大风险摆在突出位置，树立系统观念，重视经营质量，有效防范化解各类安全和经营风险隐患，有力维护了经济社会大局稳定，筑牢中央企业高质量发展的底线。

一是未雨绸缪，经营风险可控在控。历时 3 年圆满完成中央企业“处僵治困”任务。截至 2021 年底，中央企业各级子企业累计减少法人近 2 万户，占压减之初法人总数的近四成，集团管理层级全部压缩至 5 级以内，年化全员劳动生产率较压减前增长超过 50%。中央企业整体资产负债率圆满完成国务院的降杠杆任务目标并保持在合理区间内，债券方面无违约记录，融资性贸易业务基本消除，融资担保、金融衍生业务、PPP 业务可控在控。中央企业普遍在内部建立合规委员会，形成由业务部门、牵头部门、监督部门组成的合规管理三道防线，规章制度、经济合同、重大决策实现 100% 法律审核把关。2021 年，中央企业境外诉讼率大幅降低、胜诉率明显提升；境外项目运营稳定，效益良好，现金回流总额持续增长。

二是防微杜渐，安全防线牢牢筑就。中央企业以安全发展理念为指引，不断推进安全生产常态化，2021 年较大及以上安全责任事故得到有效遏制，事故起数和死亡人数明显降低。中央企业已建成并运营全球规模最大、技术领先、覆盖全国的网络基础设施，基本形成全天候、全方位感知接入企业网络安全态势的能力，有效维护了国家基础网络服务安全。中央企业专业救援队伍覆盖电力、交通、矿山、化工、医疗、核救援等领域，先后参与河南郑州“7·20”特大暴雨、四川长宁6.0级地震等国家重大自然灾害救援。

三是精进不休，内控体系渐趋完善。在国务院国资委指导下，中央企业内部风控体系逐步建立健全，目前，97家中央企业已实现内控体系全覆盖。内控、风险和合规管理的制度体系不断完善，中国海油建成以风险管理为导向的17个较为完整、有效的内控制度子体系，涵盖公司治理、战略规划等经营管理活动各个领域和关键环节。内控监督检查成效显著提升，国家电网通过监督检查、巡视巡察、审计监督发现问题约占线索总量的45%，主动发现问题的能力不断增强。

三、中央企业高质量发展的经验和规律

借鉴MOA模型[①]，立足中央企业功能定位和实践经验，从动机、环境（包括机会和挑战）、能力三个维度，梳理总结影响中央企业发展的规律性因素，构建中央企业高质量发展规律三要素三层次耦合模型，从理论视角深刻洞悉中央企业实现高质量发展的规律。如图2所示。

（一）重要经验

在多因素的耦合驱动下，将中央企业实现高质量发展的经验做法提炼为坚持党的全面领导、优先服务国家战略、持续深化改革创新、强化国有资产监管、主动融入社会发展五个方面。

1. 坚持党的全面领导

（1）始终把党的政治建设摆在首位

中央企业始终把政治建设摆在首位，以践行“两个维护”为首要任务，推动党的政治建设成果切实转化为企业改革发展的强大动力。

① MOA模型是广泛应用于企业管理领域的经典理论框架，由动机（Motivation）、机会（Opportunity）、能力（Ability）三个核心概念组成，三者之间的内在关联、相互作用共同触发了企业的特定行为。

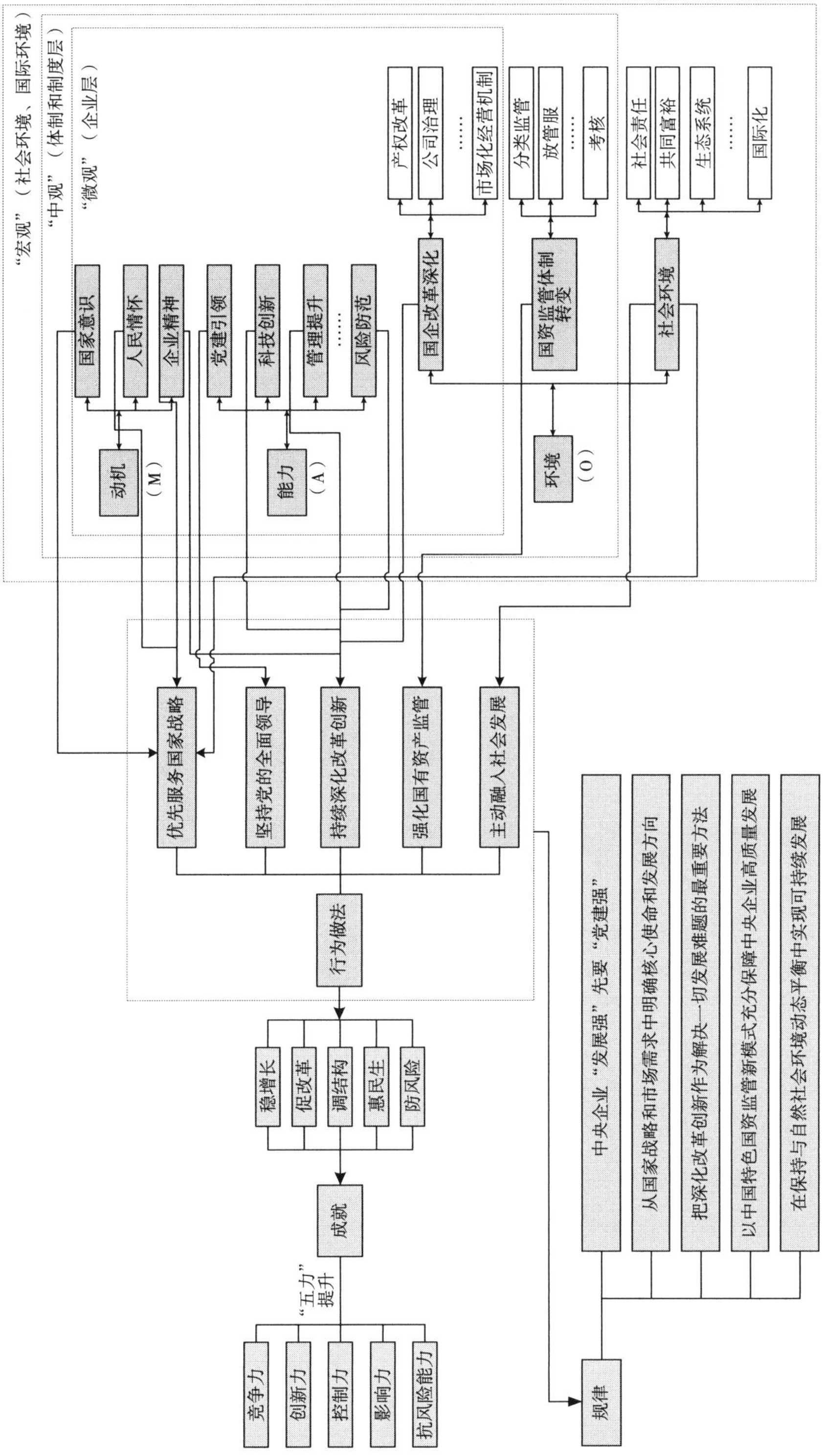

图2 中央企业高质量发展规律三要素三层次耦合模型示意图

学理论、悟思想，强化政治自觉。国资央企坚决拥护以习近平同志为核心的党中央坚强领导，不断提高政治判断力、政治领悟力、政治执行力。**国务院国资委**编印习近平总书记关于国有企业改革发展和党的建设重要论述摘编，推动习近平新时代中国特色社会主义思想在中央企业贯彻落实。**各中央企业**不断强化政治理论武装，始终把深入学习贯彻习近平总书记重要指示批示作为党委（党组）第一议题，努力把学习成果体现到谋划战略、制定举措、完成重点任务、推进高质量发展的实践中。

快行动、重落实，提高政治执行力。中央企业始终以党的旗帜为旗帜、以党的方向为方向、以党的意志为意志，在推动改革发展上挑重担、见真章，在完成急难险重任务中当先锋、作表率。在落实国家宏观调控政策、实施国家重大战略、抗击重大自然灾害、应对各类突发事件中挺身而出，扛起大国重器、顶梁柱的责任担当。

（2）坚持党管干部、党管人才

千秋基业，人才为本。中央企业按照高质量发展需要，不断建设壮大企业家、管理、科技等人才队伍，为担当作为的干部撑腰鼓劲，引导人才心无旁骛干事业。

围绕选准配好，优化领导人员结构。坚决贯彻落实新时代党的组织路线，坚持党管干部、党管人才原则，坚持事业为上、以事择人、人事相宜，进一步强化重实干、重实绩的用人导向，实行更加积极、更加开放、更加有效的人才政策，大力培养造就忠诚干净担当的高素质专业化干部队伍，聚天下英才而用之。

严管厚爱结合，完善激励约束机制。坚持党管干部与董事会依法选聘经营管理者相结合、与经理层成员任期制和契约化管理相结合、与试点选聘职业经理人相结合，坚持“市场化选聘、契约化管理、差异化薪酬、市场化退出”。深入实施人才强企战略，把组织配置的“严”和市场选择的“活”有机结合，让优秀人才“出得来”“用得活”“长得快”“留得住”，发挥督查考核的“指挥棒”作用，引导领导班子和人才队伍奋发有为。

（3）坚持全面从严治党

作风建设永远在路上。中央企业始终把管党治党责任扛在肩上、抓在手上，推动全面从严治党不断向纵深发展、向基层和群众身边延伸，为改革发展营造良好政治生态。

落实党建工作责任，健全责任链条。深化拓展全国国有企业党的建设工作会议精神落实成果，健全完善党的建设组织领导、运行管理、制度保障、监督保证、责任落实、绩效考核闭环工作体系。制定中央企业党建工作责任制实施办法和考核评价办法，常态开展中央企业党建责任制考核，结果同经营业绩考核衔接、同领导人员薪酬奖惩挂钩，使党建工作真正从“软指标”变成“硬约束”。

保持高压态势，强化不敢腐的震慑。坚持不敢腐、不能腐、不想腐一体推进，惩治震慑、制度约束、提高觉悟一体发力。坚持无禁区、全覆盖、零容忍，坚持重遏制、强高压、长震慑，不断巩固深化“四风”整治成效，强化执行力建设。各级党组织充分发挥政治功能，制定贯彻落实党中央决策部署和习近平总书记重要指示批示工作办法和督查办法，聚焦疫情防控、三大攻坚战、高质量发展、国企改革、科技创新等重点任务加大政治监督力度。深入推进驻京办事机构、“总部机关化”、境外腐败、利益输送、设租寻租、化公为私等问题专项整治。坚持严的主基调，突出重点减存量、零容忍遏增量。严肃查处靠企吃企问题，切实发挥巡视利剑作用，风清气正的政治生态加快形成。

2. 优先服务国家战略

（1）坚守实业报国

中央企业坚持以供给侧结构性改革为主线，以提升供给质量为重点，加快产业结构调整和布局优化，在建设现代化经济体系中争当主力军。

突出主责主业，持续优化产业布局结构。坚持心无旁骛攻主业，通过专业化整合、市场化收购等多种方式，持续推动国有资本更多向重要行业和关键领域集中。国家管网通过收购三大石油公司相关管道资产，推动形成“X＋1＋X”油气市场运营机制，有效保障了我国油气能源安全稳定供应。

坚持有进有退，加快企业新旧动能转换。大力发展先进制造业、高新技术产业和战略性新兴产业，加速从不具备竞争优势的非主业领域退出。中国中车集团依托轨道交通装备核心技术，延伸拓展风电装备、新能源客车等新业务，开展“二二三”专项活动，推进低效、无效资产处置。

加快数字化转型，赋能传统产业转型升级。深化“大云物移智链”等现代信息技术应用，推进产品创新数字化、生产运营智能化、用户服务敏捷化、产业体系生态化。中国远洋海运投入使用IRIS 4全球集装箱管理系统，构建起航运数字化生态链。

（2）坚持人民至上

中央企业聚焦释放消费需求、服务中小企业、推动城乡区域协调发展等，在满足内需中不断拓展市场机会和发展空间，推进企业高质量发展。

应用新技术、培育新业态，充分挖掘潜在需求。积极推进“互联网＋”，做大做强技术优势、客户规模优势、平台优势，培育和壮大新技术、新市场、新需求。中国建筑打造项目级、企业级、垂直行业级产业互联网平台，培育数字经营、智能建造等新业务，创造新生产模式、商业规则和产业逻辑。

直击痛点、纾解堵点，助力化解中小企业“燃眉之急”。中央企业贯彻党中央、国务院决策部署，解决中小微企业存在的资金紧缺、经营成本高等问题，帮助中小企业渡过难关。国家电网依托现代智慧供应链，帮助中小微企业用小额保费替代全额保证金缴纳，累计为供应商释放保证金超过600亿元。

加强央地对接、拓展合作空间，满足区域协调发展现实需求。对接国家重大区域发展战略，加大重大基础设施、重点工程项目建设力度，当好推动区域协调发展的国家队。中国移动结合各地资源禀赋，打造了一批具有良好示范作用的高质量现代产业链园区，共建现代产业链供应链集聚地。

（3）树立全球视野

中央企业充分利用国内国际两种资源，加快打造具有全球竞争力的世界一流企业，在应变局、开新局中争当排头兵。

坚持合作共赢，深度融入全球产业链价值链物流链。深入实施国际化战略，不断扩大对外投资，推动装备、技术、标准、服务一体化走出去。中国移动主导5G应用需求和标准制定，申请5G专利超过2800件，成为能向美日欧等国家和地区收取专利费的央企之一。招商局集团积极构建物流服务网络，建设运营中白商贸物流园，开拓吉埃陆海铁跨境联运新模式。

提升软实力，加快打造国际化品牌。持续强化集团品牌战略，推动品牌资产不断增值、品牌影响力不断扩大。中国远洋海运借助金砖国家工商理事会、中国航海日等高层次国际组织和高水平展会论坛，释放品牌效应，成为全球唯一上榜福布斯全球最受信赖公司2000强榜单的航运企业。

3. 持续深化改革创新

（1）强化创新主体地位

坚持需求驱动，强化关键核心技术攻关。一方面，以解决涉及国家发展和安全的重大战略性需求为出发点，主动对接国家科技攻关计划，积极融入国家科技创新体系，集中优质资源破解“卡脖子”技术难题；另一方面，聚焦产业发展和市场应用需求，加快布局基础应用技术、加快突破前沿技术、加快锻造长板技术，不断增强原创技术供给和产业链供应链自主可控能力。

坚持开放式创新，广泛汇聚创新资源。一方面，统筹国内外创新资源要素，搭建创新联合体、创新联盟等，实现与高校、科研院所、民营企业等的融通创新；另一方面，注重产业技术基础服务平台、双创平台、产业孵化平台等高水平创新平台的构建，通过创新资源共享服务各类主体创新发展，进一步带动全社会创新。

坚持以人为本，持续优化科技人才发展生态。注重高水平科技人才的引育，通过搭建高质量人才自主培养体系、深化科教融合育人机制改革等方式，打造一批一流创新人才和创新团队；注重以体制机制完善促进科技人才有效管理，强化中长期激励和科学评价，保障科研自主权，优化管理服务，持续激发科研人员创新原动力。

（2）多层次深化国企改革

实施产权多元化，聚集市场优势资源。结合中央企业发展实际，以混合所有制改革为抓手，坚持因地施策、因业施策、因企施策，宜独则独、宜控则控、宜参则参，通过合理的股权结构设计和清晰的权责划分，加强与各类资本的股权融合、战略合作、资源整合，实现各类资本有效利用、各种所有制经济取长补短。

突出“形神兼备”，推动公司治理机制高效运转。一方面，坚持将党的领导融入公司治理各环节，明确和落实党组织在公司治理结构中的法定地位，切实发挥党委（党组）“把方向、管大局、保落实”的领导作用。另一方面，推进董事会应建尽建，落实好董事会职权，完善董事会向经理层授权的管理制度，形成权责法定、权责透明、协调运转、有效制衡的公司治理机制。

围绕激发活力提高效率，持续深化三项制度改革。积极推进经理层成员任期制和契约化管理，以经营业绩的刚性考核和刚性兑现打破“铁交椅”“大锅饭”；以人岗动态匹配和优化配置为目标，以员工招聘、劳动关系管理和绩效考核等为手段，持续完善市场化用工机制；

优化工资决定机制，突出岗位贡献和中长期激励，形成以岗位价值为基础的市场化、差异化薪酬分配体系。

（3）对标一流提升管理现代化水平

以对标提升为手段，搭建更加科学有效的管理体系。聚焦企业管理短板，以精准对标为手段，以战略、组织、运营、财务、科技、风险、人力资源、信息化为重点领域，通过“立标、对标、达标、创标”，快速实现管理能力赶超；持续健全工作制度、完善运行机制、优化管理流程、明确岗位职责、严格监督检查等，着力打造系统完备、科学规范、运行高效的中国特色现代国有企业管理体系。

以不发生重大风险为底线，强化各类风险管控。建立健全风险预判预警机制，强化各类风险的战略预判与识别，注重“精准排雷”，把风险化解在苗头之中、未然之中；加快完善风险管控机制，强化风险分析、风险评估、风险应对，明确风险防控责任主体，实现“精准拆弹”，做到全过程、链条式、动态化防控重大风险。

4. 强化国有资产监管

（1）优化管资本的方式

国务院国资委注重以产权为基础、以资本为纽带，依靠公司章程，通过法人治理结构履行出资人职责，加快实现从管企业向管资本转变。

加大授权放权力度，提升企业经营自主权。以权力责任清单为基础，以法人治理结构为载体，以分类授权放权为手段，以加强事中事后监管为重点，持续提高监管效能。2017 年以来，国务院国资委先后印发《改革国有资本授权经营体制方案》《国务院国资委授权放权清单（2019 年版）》，分 4 类授放 35 项权利，同时推进闭环监督，进一步放大企业改革创新乘数效应。

强化“两类公司”功能，提高资本运营效率。国务院国资委将“两类公司”作为改革国有资本授权经营体制的重要内容，定位为国有资产市场化运作的专业平台。中国建材对集团现有二级企业、产业公司实施资本布局优化，构建边界清晰、具有产业链控制力的主产业平台。中国国新构建“资本＋人才＋技术”的轻资产运营模式，支持以科技创新、国企改革和“走出去”为重点打造投资生态圈。

（2）健全正向激励机制

国务院国资委按照高质量发展要求，坚持质量第一、效益优先，充分发挥考核“指挥棒”作用，有力引导中央企业从关注规模速度向更加注重提升质量效益转变。

突出效益导向、兼顾战略支撑，发挥好业绩考核“指挥棒”作用。实行差异化考核，不断提高考核指标的系统性、针对性、有效性。国务院国资委以中央企业功能分类为基础，不断引导中央企业构建形成由战略承接、导向引领、激励保障有机构成的考核体系。2021 年，形成“两利四率”考核指标体系。全面设置服务国家战略考核指标，完善特殊事项管理清单，对取得突出成绩的企业给予考核加分奖励和工资总额支持。

坚持效率优先、兼顾公平，强化工资总额管理。坚持分类分级管理原则，推动中央企业分配工作更加规范化、专业化、精准化。先后印发《关于改革国有企业工资决定机制的意见》《中央企业工资总额管理办法》等，建立健全“一适应、两挂钩”的工资决定和正常增长机制，引导中央企业不断建立健全企业内部薪酬激励体系。

（3）不断完善监督体系

国务院国资委坚持“三位一体”职责定位，按照以管资本为主的要求，加强事中事后监管，着眼有机贯通、相互协调，形成监督合力，加快构建国资监管大格局。

善用系统思维，整合监督力量。不断加强业务监督，探索完善综合监督，指导中央企业加快构建责任追究制度体系。将党内监督与纪检监察、审计、法律、巡视巡察等监督力量结合起来，实现国资监督由“单打独斗”到“攥指成拳”。

不断优化监管方式，实施监督环节全覆盖。近年来，国务院国资委实施国资监管信息化建设“三年行动计划”，完善“三重一大”监管、综合业务监管和大额资金监管等功能，提升监管方式智能化水平，实现了对中央企业集团、各级子企业运营的全方位监管。

5. 主动融入社会发展

（1）发挥重要基础作用

坚持大力度、全方位、系统化推进扶贫，积极助力打赢脱贫攻坚战。2016年以来，国务院国资委和中央企业定点帮扶的国家扶贫开发工作重点县全部脱贫摘帽。国家电网实施无电地区电力建设、“三区三州”和中西部贫困地区电网建设攻坚等重点工程，着力提升贫困地区供电保障能力。国投2020年投入帮扶资金超过8990万元，开展“支部党建扶贫共建”，助力深度贫困地区脱贫攻坚。

积极参与二次、三次收入分配改革，在实现共同富裕征程上贡献央企力量。在二次分配环节，76家中央企业划转超过1万亿元国有资本补充全国社保基金。在三次分配环节，积极参加公益慈善活动，认真履行社会责任。中国中车集团累计向新冠疫情灾区捐款捐物折合人民币约5000万元，党员、团员自愿捐款约990万元，彰显了中车人的责任担当。

（2）全力服务保障民生

牢牢把握保障和改善民生这一根本目的，积极服务“六稳”“六保”大局。中央企业坚决扛起使命担当，在一系列重大民生保障任务中彰显了央企担当。国家电网积极参与河南防汛救灾工作，累计投入约3.7万名抢修人员、9800辆救援车辆、16亿元防汛抢修物资。

（3）推动绿色低碳转型

秉持绿色共享理念，不断健全减排体系、强化减排能力。中央企业统筹做好碳达峰碳中和顶层设计，积极构建绿色低碳发展体系，助力国家加快实现“双碳”目标。中国华电发挥各产业在新能源发展上的协同作用，大力推动风光电大基地建设，着力构建清洁低碳、安全高效能源体系。

（二）基本规律

辉煌成就的取得，是有其复杂的、独特的内在规律的，是中国特色社会主义市场经济建设规律、党的建设规律、企业发展规律、国资监管工作规律等相互作用、深度耦合的结果。

1. 把握好党的领导与高质量发展之间的关系，“发展强”先要“党建强”

坚持党的领导、加强党的建设是国有企业的“根”和“魂”，是我国国有企业的光荣传统和独特优势。**党的十九大以来，**中央企业贯彻落实全国国企党建会和新时代党的建设总要求，坚持党的全面领导，充分发挥政治优势，坚持党管干部党管人才，落实管党治党政治责任，推动党建“四个化”问题得到明显改善，党的领导、党的建设得到根本性加强，真正把党的政治领导力、思想引领力、群众组织力、社会号召力转化成中央企业高质量发展的核心能力。**实践证明，**在中央企业高质量发展进程中，起决定性作用的就是党的领导，这是首要原则、最重要前提和最大特色。只有把党的领导制度优势转化为中央企业治理体系和治理能力优势，中央企业高质量发展、国有经济发展壮大才能从根本上得到保证。

2. 统筹好国家战略和市场需求，从中更加明确核心使命和发展方向

国有企业“两个基础”功能作用决定了国资央企必须兼顾国家战略需求和市场需求，中央企业绝不能把追求利润最大化或股东价值最大化作为唯一目标。**党的十九大以来，**中央企业将国家战略导向和市场导向统一于解决人民日益增长的美好生活需要和不平衡不充分的发展之间的矛盾，内嵌至企业战略之中，着力聚焦战略安全、产业引领、

国计民生、公共服务等功能，有效发挥自身规模优势、产业优势、人才优势，发挥了国有经济战略支撑作用。**实践证明，**“两大需求”要统筹兼顾、不可偏废，尤其要把满足国家战略、人民需求作为中央企业的核心使命，切实做到“国之所需、吾之所向”。中央企业在服务国家战略上判断得准确、谋划得科学、执行得有力，就能在高质量发展中赢得主动，就能真正成为中国特色社会主义经济的顶梁柱。

3. 统一好发展战略和实施策略，把深化改革创新作为解决一切发展难题的最重要方法

改革创新是中央企业发展的不竭动力，也是最重要的方式方法。中央企业实现高质量发展，关键需要把创新作为发展的基点和重心，需要用改革破除制约发展的体制机制障碍和藩篱。**党的十九大以来，**中央企业始终准确识变、科学应变、主动求变，聚焦发展痛点、难点、堵点，深入实施创新驱动发展战略，坚持社会主义市场经济的改革方向，推进以科技创新为核心的全面创新，加快促进科技创新、体制机制创新、管理创新协同联动，确保改革创新策略与时俱进、动态调整，以更深入、更全面、更有效的改革创新策略，源源不断地为高质量发展注入新动能。**实践证明，**惟改革者进，惟创新者强，惟改革创新者胜。中央企业要实现高质量发展，就要把握好战略和策略的辩证统一关系，把服务国家战略和执行企业战略的坚定性和改革创新策略的灵活性充分结合起来，为高质量发展释放更多红利。

4. 衔接好国资监管体制和企业制度机制，以中国特色国资监管新模式充分保障中央企业高质量发展

相对于地方国有企业，中央企业更多分布在关系国家安全和国民经济命脉的主要行业和关键领域，是国民经济的重要支柱，必须尊重其市场主体地位和企业法人财产权，激发更多活力动力。**党的十九大以来，**国务院国资委适应市场经济规律和企业发展规律，以管资本为主转变国资监管体制，坚持“三统一、三结合”，形成专业化、体系

化、法治化监管优势，在更大范围、更广领域、更深层次推动国有资本合理流动配置、中国特色现代企业制度持续完善、市场化经营机制不断健全，有力保障了中央企业集中力量办大事。**实践证明，**只有探索出一条中国特色的国资监管道路，创造出一个中国特色国资监管新模式，构建出一个国资监管大格局，持续增强国资监管的系统性、针对性、有效性，才能做强做优做大国有资本和国有企业，中央企业才能实现高质量发展。

5. 协调好企业内外部关系，在保持与自然社会环境动态平衡中实现可持续发展

业绩优秀的企业都要处理好短期经济利益与长期稳定健康发展之间的关系。保持经济效益与承担社会责任、保护生态环境的有机统一，是每一个中央企业义不容辞的责任。**党的十九大以来，**中央企业用全面、辩证、长远的眼光看待发展中的问题，坚持发展向善的理念，以可持续发展为核心，以保障民生为底线，以资源环境约束为前提，注重保持企业自身与经济社会环境、生态环境的全面协调发展。中央企业专业救援队伍覆盖电力、交通、矿山、化工、医疗、核救援等领域，先后参与河南郑州“7·20”特大暴雨、四川长宁6.0级地震等国家重大自然灾害救援。最大限度创造经济、社会和生态环境的综合价值，为高质量发展赢得了更多的资源支持和更大的发展空间。**实践证明，**中央企业实现高质量发展，既要讲经济属性，更要讲政治属性和社会属性。中央企业只有在把握好“三个属性”的前提下，树立更加全面、更为完整的绩效观，把发展目标从物质层面向政治层面和社会层面提升，才能真正体现发展的平衡性、包容性和可持续性。

四、展望与建议

（一）不惧挑战，担当作为

栉风沐雨志弥坚，关山初度路犹长。世界经济正经历百年未有之

大变局，我国经济社会也已进入新的发展阶段。围绕构建新发展格局，贯彻新发展理念，实现高质量发展，推动共同富裕，国有企业面临新的使命与责任。

围绕“发挥什么作用”，准确把握中央企业的使命责任与功能定位。新的发展阶段，中央企业必须增强使命导向，统筹发展和安全，坚决扛起“共和国长子”肩上的政治责任、经济责任和社会责任，坚持把为人民谋幸福作为出发点和落脚点，有效支撑国家强国战略和发展战略，发挥在中国特色社会主义经济中的压舱石作用，争当贯彻新发展理念的排头兵，在构建新发展格局中勇担当作表率，成为推动共同富裕的顶梁柱。

围绕“建成什么样子”，准确研判中央企业的发展趋势和方向。一是使命型的中央企业，作为高质量发展的主力军，在稳定宏观经济大盘、确保粮食能源安全、有序推进碳达峰碳中和、加强生态环境综合治理、增强区域发展平衡性协调性、推进乡村振兴、防范化解重大风险等方面发挥作用。**二是社会型的中央企业，**围绕股东、员工、客户和消费者、产业链上下游、政府、公众和社会等利益相关者，积极承担环境、社会和治理责任，构建企业命运共同体。**三是平台型的中央企业，**围绕实现高水平的自立自强、数字化转型、打造全国统一大市场等发展趋势，发挥中央企业的资源要素、市场地位等优势，推动中央企业成为技术研发、数字化转型、商业模式创新的平台。

围绕“怎么建”，准确把握中央企业进一步实现高质量发展的路径。一要坚持创新驱动发展，实现高水平自立自强。解决“全而不优”的问题，中央企业需要准确把握人才引领发展的重要战略地位，加快关键核心技术攻关和原创技术策源地建设，围绕充分弘扬企业家精神、提升科技创新能力、增强制造业核心竞争力、大力推进关键核心技术攻关等方面，全力破除制约企业高质量发展的顽瘴痼疾。**二要加快布局优化和结构调整，提升产业链供应链支撑和带动能力。**解决“散而不精”的问题，中央企业需要聚焦主责主业发展实体经济，在促进数字经济发展、积极扩大基础设施投资、发展战略性新兴产业、推动产业向中高端迈进、高质量共建“一带一路”等方面积极发挥作用，更好利用国际国内两个市场、两种资源，积极锻造国际竞争合作新优势。**三要持续深化改革完善体制机制，提升核心竞争力。**解决“大而不强”的问题，中央企业需要加快完善现代企业制度、大力推动市场化改革，围绕市场化的企业治理、战略管理、选人用人、激励约束、容错纠错等，探索更深入的体制机制改革，加快建设一批世界一流企业。

（二）行稳致远，进而有为

击鼓催征稳驭舟，奋楫扬帆勇向前。坚定不移推进中央企业高质量发展，需要国家层面加强顶层谋划，完善相关体制机制和配套政策。

一是加快转变政府职能，为企业高质量发展创造良好环境。持续推进“放管服”改革，加强数字化政府监管平台建设，完善重点领域、新兴领域、涉外领域监管规则，深入推进公平竞争政策实施，依法平等保护企业产权、自主经营权和企业家合法权益，营造企业高质量发展的良好环境。

二是加大企业创新激励力度，为企业高质量发展提供政策支持。加大研发费用加计扣除政策实施力度，对企业基础研发投入实行税收优惠。针对基础性创新高投入、高风险、高回报的特点，加强创新导向的体制机制改革，优化完善各类创新激励和考核政策，建立健全容错纠错、风险承担机制，以促进企业加大研发投入，培育壮大新动能。

三是深化推进国企改革，为企业高质量发展提供活力动力。进一步完善以管资本为主的国资监管体制，对中央企业充分合理放权授权，进一步推动混合所有制改革，以市场化、契约化为导向优化市场化经营机制，释放企业发展活力动力，提升企业核心竞争力。

课题组成员名单

组　长

赵红严　国务院国资委考核分配局局长

副组长

万　良　国务院国资委考核分配局副局长

邱忠涛　国家电网有限公司政研室副主任

成　员

刘　晋　国务院国资委考核分配局二级巡视员

吴诗旸　国务院国资委考核分配局二级调研员

宋　乾　国务院国资委财务监管与运行评价局副处长

戚耀元　国务院国资委科技创新局干部

黎　源　国务院国资委社会责任局干部

刘　拓　国家电网有限公司副处长

赵九斤　国家电网有限公司处长

石书德　国家电网有限公司副处长

张晓娟　国家电网有限公司政工师

赵宏波　国家电网有限公司高级工程师

张　勇　国网能源院所长（正高）

何　琬　国网能源院主任师（正高）

张华磊　国网能源院经济师

吴鸾莺　国网能源院高级经济师

夏利宇　国网能源院经济师

汤广瑞　国网能源院高级工程师

徐兰君　国网能源院经济师

中央企业分类考核研究

国务院国资委考核分配局

摘　要　新时代新征程，党和国家领导人多次对国资国企改革特别是对中央企业考核工作提出明确要求。本课题报告回顾总结了中央企业分类考核历程，分析了新时代新征程对中央企业改革发展的新部署新要求，构建了“1+3+1”（高质量发展+“三个作用”+对标世界一流）的考核指标体系，探索对现有考核全流程各环节进行优化，并提出了多维度、长周期、契约制、多主体等四种创新考核方案设想，最终从目标设置、优化分类、指标体系、评价机制以及激励机制等五方面提出优化方案和政策建议，力争为做好新时代中央企业分类考核工作提供有益探索与参考。

关键词　中央企业；分类考核；三个作用

业绩考核是国务院国资委履行出资人代表职责、落实国有资产保值增值责任的重要职能和抓手。新时代新征程要求完善分类考核机制，更好发挥考核“指挥棒”“风向标”作用，进一步增强核心功能、提高核心竞争力。

一、中央企业分类考核现状

（一）中央企业分类考核历程

2003年国务院国资委成立以来，中央企业负责人业绩考核经历了从无到有、逐步完善的过程，在不同发展阶段对落实国家战略起到了强有力的支撑作用。国务院国资委成立后颁布的第一个《考核办法》就明确提出“实行科学的分类考核”。20年来，国务院国资委考核分配工作紧紧围绕中央企业改革发展重点任务，牢牢把握业绩考核引领方向，不断探索完善分类考核制度。**一是充分考虑行业和企业特点设置分类指标。**国务院国资委成立初期，按照针对性、可量化和行业一致性相结合的原则，将考核的共性要求与企业的个性特点相统一，引导企业不断做大做强。**二是设置指标权重体现分类差异化。**党的十八大之后，对不同类型企业的经济效益指标和其他指标权重作出调整，以适应不同类型企业和不同发展阶段的客观要求。**三是针对企业发展的薄弱环节和管理难点加强分类考核。**随着国企改革的深入推进，为引导企业进一步转变增长方式和提高增长质量，实现从“做大”到“做强做优”，根据企业功能定位和行业特点，进一步深化分类考核，业绩考核的导向更加清晰、重点更加突出，向着“量、效、质”多维度不断优化。

回顾20年发展历程，**分类考核在中央企业做强做优做大的进程中发挥了强有力的推动作用。**中央企业资产总额增长接近10倍，利润总额增长接近9倍，全员劳动生产率实现翻一番，中央企业在质量效益上不断提高、科技创新方面成果显著，保障能力明显增强。**20年分类考核的探索发展历程积累了宝贵的经验启示：一是始终坚持目标导向，引导推动中央企业落实国家发展战略。**着眼“国之大者”，紧紧围绕落实国家重大发展战略，充分发挥考核“指挥棒”“风向标”作用，引导中央企业履行好肩负的经济责任、政治责任、社会责任。**二是始终坚持结果导向，体现高质量发展要求。**坚持“两个毫不动摇”，聚焦企业质量效益和价值创造，引导企业聚焦实业主业、提升发展质量，切实落实好中央企业国有资产保值增值责任。**三是始终坚持问题导向，精准实施分类考核。**与时俱进地结合企业功能界定、改革目标与风险短板，不断深入推进“一业一策、一企一策”考核，更好体现中央企业实际、突出考核重点、设置考核指标、实现考核激励，充分激发企业内生动力。

（二）新时代对中央企业改革发展提出新要求

当前，中华民族伟大复兴战略全局和世界百年未有之大变局交织激荡，我国发展进入战略机遇和风险挑战并存、不确定难预料因素增多的时期。党的二十大对以中国式现代化全面推进中华民族伟大复兴、全面建成社会主义现代化强国作出重大战略部署。国有企业是中国特色社会主义的重要物质基础和政治基础，必须更好发挥分类考核在促进中央企业高质量发展中的“指挥棒”“风向标”作用，瞄准坚定不移做强做优做大国有资本和国有企业“一个目标”，聚焦增强核心功能和提高企业核心竞争力“两个途径”，发挥科技创新、产业控制、安全支撑“三个作用”，坚决担负起新发展理念的排头兵、创新驱动发展的排头兵、实施国家重大战略的排头兵，勇当原创技术“策源地”、现代产业链“链长”等重大责任，奋力使国资央企成为新时代新征程推进中国式现代化的重要力量。

（三）中央企业分类考核存在的不足

当前，中央企业分类考核存在问题主要包括：一是考核指标个性化不够明显，与考核系数因子有部分重叠，未能精准体现承担任务；二是功能作用在考核结果中体现不够充分，A 级企业基本集中在商业类企业，公益类企业进“A”难度很大；三是考核激励约束手段不够丰富，市场化激励政策不健全，激发创新活力的手段不足。

破解“三个不够”问题，首先就要做到“两个明确”：一要明确企业功能作用及目标任务，从落实和服务国家重大战略的角度，明确企业承担核心竞争力和核心功能的目标任务，特别是明确企业在发挥科技创新、产业控制、安全支撑“三个作用”中的功能作用定位；二要明确企业分类及考核应用，进一步优化分类方式，以期实现“一企一策”考核，并最终实现精准化评价和激励协同互促。

二、中央企业分类考核优化研究

对照新时代新部署新要求，课题组从目标设置、优化分类、指标体系构建、完善评价机制以及激励机制等五个环节提出优化方案，并探索提出突破性的考核思路设想。

（一）构建“1+3+1”的分类考核体系

新时代新征程，要求国资央企必须围绕**高质量发展这个首要任务**，牢牢把握**“三个总”目标要求**，聚焦**增强核心功能和提高企业核心竞争力“两个途径”**，切实发挥在建设现代化产业体系、构建新发展格局中的**科技创新、产业控制、安全支撑“三个作用”**，按照“产品卓越、品牌卓著、创新领先、治理现代”要求，加速推进**世界一流企业建设**。基于此目标导向，课题组构建了“1+3+1”分类考核体系。其中，“1”为突出中央企业高质量发展要求，统筹质的有效提升和量的合理增长；“3”为突出中央企业功能作用，引导中央企业更好发挥科技创新、产业控制、安全支撑“三个作用”；“1”为做好世界一流对标，加快培育世界一流企业。通过“1+3+1”分类考核体系构建（见图1），引导中央企业全面履行承担的政治责任、经济责任和社会责任。

（二）探索突出“三个作用”的优化分类

分类考核是当前中央企业业绩考核的重要手段。企业分类方法是决定考核内容和考核结果的关键因素，中央企业“怎么分”决定了“如何考”“跟谁比”。中央企业涵盖的市场功能的多样性、复杂性、动

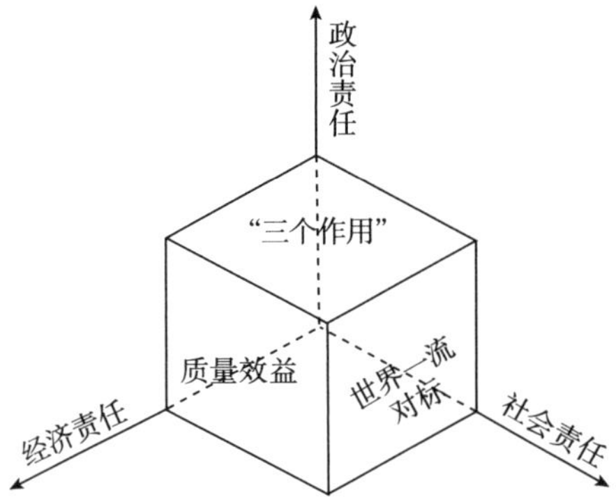

图1 "1+3+1"分类考核体系

态性致使分类认定并非易事。为此课题组在目前企业分类基础上，探索依据中央企业在发挥科技创新、产业控制、安全支撑三方面作用的功能强弱及重要程度进行优化分类，在中央企业优化分类方面做出了多种分类方法的探索。

一是按未来重点布局分类。针对未来国资央企产业布局方向，课题组将中央企业细分为九类，分别为：国防军工企业、能源资源保障型企业、骨干网络保障企业、基础设施建设企业、科技领军企业、高端装备制造企业、运输商贸流通企业、战略性新兴产业集团、投资运营公司。

二是按行业技术发展阶段分类。针对科技领军企业、高端装备制造企业和战略性新兴产业集团，可按照行业或技术所处发展阶段不同，划分为培育期、成长期、成熟期。

三是按"三个作用"发挥程度分类。课题组在现有功能定位划分的基础上结合行业领域、财务数据、规模人数、行业地位，根据该央企业务属性和功能作用不同，判断发挥科技创新、产业控制、安全支撑"三个作用"的侧重方面，对中央企业"三个作用"发挥进行考核权重划分，该央企在哪方面作用发挥更多，就更多地选取哪一类型的指标，也为后续评价机制的设计提供了先决条件，为科技创新、产业控制、安全支撑分榜单进行考核奠定了基础。

（三）开展核心考核指标筛选

基于“1+3+1”的分类考核体系，通过对历史考核指标进行整理优选、提炼国务院国资委监管政策的核心观点及对应任务等，**形成备选指标池**。借鉴平衡计分卡等管理实践，在实地调研的基础上，基于管理逻辑对各指标的表征进行分析梳理，按照“定量定性、表内表外、显性隐性相结合”的原则，优选综合性、重要性、多元性的指标，通过保留必要指标、合并重复指标、拓展已有维度或新增全新指标以及调整含义尚不明确、分类尚不完善等指标等，**经优化调整形成最终的30项考核指标体系**，并结合调研进行了指标应用性验证（见表1）。

表1　优化后30项核心指标

类别	序号	三级指标	新指标	定量/定性指标	表内/表外指标	显性/隐性指标	考核重点
质量效益	1	企业增加值/全员劳动生产率	否	定量	表内	显性	企业劳动者报酬、固定资产折旧、生产税净额、营业盈余等贡献（人均水平）
	2	归母净利润	否	定量	表内	显性	在企业合并净利润中，归属于母公司股东的部分
	3	利润总额	否	定量	表内	显性	企业创造的经济效益，权威且直观反映企业经营业绩和贡献
	4	经济增加值/经济增加值率（%）	否/是	定量	表内	显性	企业利用投入资本实现超额收益的效果/效率
	5	国有资本保值增值率（%）	否	定量	表内	显性	国有资产价值保持和增加效率
	6	净资产收益率（%）/ROA/ROIC	否	定量	表内	显性	净资产/总资产/投入资本的回报水平
	7	营业现金比率（%）/营业收入利润率/成本费用利润率	否	定量	表内	显性	企业收现能力/盈利能力/成本管控能力
	8	资产负债率（%）	否	定量	表内	显性	企业总体负债水平及资本结构

续表

类别		序号	三级指标	新指标	定量/定性指标	表内/表外指标	显性/隐性指标	考核重点
三个作用	科技创新	1	研发投入强度/应用基础研发投入强度或前沿技术投入强度	否/是	定量	表内	显性/隐性	企业在研发/应用基础研发/前沿技术领域的投入力度
		2	科研投入产出比/科研投入产出比增长率/科技投入产出效率	是	定量	表内	显性	企业科研投入的经济效果
		3	科技成果转化率/专利对外转让或授权数量	是	定量	表外	显性	企业科技创新的应用/产出能力
		4	原创性引领性技术攻关成果数量/新产品销售收入/国家重大科技专项数量/中国专利金奖数量/国家技术发明、科技进步一等奖数量（加分项）	是	定量	表外	显性	企业科技创新的产出及科技成果水平
		5	研发人员占从业人员比例/增长率	是	定量	表外	显性	企业科技创新人才能力
		6	国家重点实验室数量/原创技术策源地数量	是	定量	表外	显性	企业在基础设施、前瞻性研究领域的现有资源基础
	产业控制	1	产业链控制力评价/“链长”作用发挥/纵向整合能力评价/促进民营（中小）企业协同发展能力	是	定性	表外	隐性	企业在产业链中发挥的作用情况
		2	关键技术国产化替代率（%）	是	定量	表外	显性	企业在“卡脖子”和“脱钩”事件后应对国际风险和发展威胁的韧性
		3	核心产品国际市场占有率（%）/核心产品国内市场占有率（%）	是	定量	表外	显性	企业对市场行为的影响力
		4	跨国指数（%）	是	定量	表外	显性	企业国际布局情况
		5	参与或主持国际标准制定数量（个）	是	定量	表外	显性	企业创新引领能力
		6	战略性新兴产业投资或营收占比/增长率	否/是	定量	表外	显性/隐性	企业战略性新兴产业布局情况，产业引领能力

续表

类别		序号	三级指标	新指标	定量/定性指标	表内/表外指标	显性/隐性指标	考核重点
三个作用	安全支撑	1	重大专项任务完成情况	否	定性	表外	显性	企业承担的重大专项任务的完成情况
		2	能源资源、战略物资等保障能力	否/是	定性	表外	隐性	企业具备的物资保障能力及承担的保供任务完成情况
		3	重大安全事件发生情况（骨干网络）	是	定性	表外	显性	与企业经营主业相关的重大事件及带来的经济后果情况
		4	技术国产化率（TIR）/技术对外依存度（EDT）/次要关键技术掌握率	是	定量	表外	显性/隐性	企业在关键技术领域中对外部的依赖程度
		5	贸易依存度	是	定量	表外	显性/隐性	企业对外部市场的依赖程度
		6	进口多元化程度	是	定量	表外	显性	企业在进口市场中的多元化程度
世界一流		1	品牌价值	是	定量	表外	隐性	企业品牌价值和影响力
		2	社会责任发展指数/节能降碳/ESG	是	定量	表外	隐性	企业社会责任管理水平与信息披露水平
		3	数字化转型成熟度	是	定性	表外	隐性	企业数字化智慧化转型水平
		4	中央企业董事会考核等次	是	定量	表外	隐性	企业董事会工作水平

（四）健全“环节一体”的考核评价机制

1. 指标选取环节

在指标选取环节，结合央企功能分类、行业属性、业务特点和发展阶段，在5个一级指标项下，科学、合理选取二级指标，数量原则上不超过5个。

对于主业处于充分竞争行业和领域的商业类企业，以增强企业核心竞争力为重点，选择经济效益、经营效率、资本回报水平等相关的考核指标。

对于主业处于关系国家安全、国民经济命脉的重要行业和关键领域，主要承担重大专项任务的商业类企业，在保证合理回报和国有资本保值增值的基础上，聚焦增强企业核心功能，选择发挥战略支撑能力和重大专项任务等相关的考核指标。

对于公益类企业，把社会效益放在首位，选择产品服务质量、行业共性技术研究和公共政策执行等相关的考核指标。

对于科技创新要求高的企业，聚焦自主创新能力提升，选择研发投入、科技成果产出和转化等相关的考核指标。对于承担关键核心技术攻关、开展基础研究和应用基础研究的企业，选择与科技攻关任务相关的考核指标。

对于积极培育前瞻性战略性产业的企业，聚焦锻造产业竞争新优势、打造经济增长新引擎，选择战略性新兴产业投资占比、新产品新业务新业态收入占比或市场占有率等相关的考核指标。

对于承担安全保障任务的企业，聚焦国防安全、能源资源、骨干网络等领域，设置重要能源保障量、战略物资储备量、骨干网络建设运营等相关的考核指标。

对于加快建设世界一流的企业，聚焦补短板强弱项，选择经济增加值、净资产收益率和国际化经营指数等相关的考核指标。

2. 权重设置环节

在指标权重设置环节，一级指标为5个，其权重采用直接赋值。原则上，按照“质量效益”占30%、“三个作用”占60%、“世界一流”占10%赋予权重，在“三个作用”内部，按照企业发挥作用的侧重点不同，相应赋予10%、20%和30%的权重。如表2所示。

表 2　中央企业考核指标权重设置示例　　单位：%

序号	企业名称	指标权重设置				
		质量效益	科技创新	产业控制	安全支撑	世界一流
1	甲企业	30	10	20	30	10
2	乙企业	30	20	10	30	10
3	丙企业	30	30	10	20	10

对于某项一级指标项下设置了1个二级指标的情况，该一级指标的权重就作为其项下该二级指标的权重。对于某项一级指标项下不设二级指标，或某项一级指标项下的二级指标数量超过1个的情况，可根据实际考核需要对相关二级指标的权重进行调整优化。

3. 目标确定环节

在目标确定环节，企业定量指标考核目标值原则上以基准值为基础，结合财务预算、中长期战略规划等情况予以核定，基准值主要结合考核指标上年（或上一任期）完成值、行业周期及重大客观因素影响等综合确定。定性指标考核目标值按照相关任务要求予以确定。

国务院国资委按照企业发展与国民经济重要支柱地位相匹配、与高质量发展要求相适应的原则，主导确定企业“质量效益”相关指标的目标值。建议在与企业充分沟通的基础上，适当提高目标值完成难度，避免绝大多数企业均能得满分的情况。

“三个作用”相关指标的目标值，依据企业“三个作用”重要性评价情况，在上年（或上一任期）完成值基础上，对重要性高的相关指标，适当提高目标值完成难度。“世界一流”相关指标的目标值，依据企业所对标的世界一流企业的指标水平确定。

对于承担重大科技创新任务、发展战略性新兴产业、发挥安全支撑作用任务较重的企业，“经济效益”相关指标的目标值可在上年完成值基础上适当下浮。

对于受大宗商品价格波动影响较大的能源资源企业，利润总额和经济增加值等指标目标值的确定，可设置价格基准或实行价格挂钩。

4. 考核计分环节

在“指标得分”方面，由于改用了“1+3+1”分类考核体系，计算中采用各二级指标得分的累加值。考核指标得分依据目标先进程度、指标完成情况或行业对标情况计算，以基本分为基础，根据目标值完成情况计算得分，满分为基本分的120%，最低分为基本分的80%。基本分=指标权重×100。建议对定性指标的评分，建立公开透明的评分标准和规则，或可根据需要引入第三方评价。在计算经济效益指标时，可将研发投入视同利润加回，其中，承担关键核心技术攻关任务以及开展基础研究和应用基础研究的研发投入，可提高加回比例。对于企业实施重大科技创新、发展前瞻性战略性产业等，对经营业绩产生重大影响的，按照“三个区分开来”原则和有关规定，在考核上不做负向评价。

在“考核系数”方面，根据企业的不同功能类别和“三个作用”侧重方向，差异化设置指标和权重。弱化营业规模相关指标的影响，强化“三个作用”相关指标的影响，最终考核系数处于1~1.2。

在“奖励加分”方面，针对发挥“三个作用”、承担国家重大专项和重点项目、服务区域协调发展战略等取得突出成绩的企业给予奖励加分。

在“考核扣分”方面，针对会计信息失真或虚报瞒报财务状况、发现重大违规违纪问题、造成不良影响或者国有资产损失、完成国家安全保障任务较差的企业给予考核扣分处理。

5. 考核评级环节

在考核评级环节，国务院国资委根据企业考核指标目标值和完成情况计算考核综合得分。按照考核综合得分，考核等级分为A、B、C、D四个级别。

违规违纪情节严重、未按要求完成国家安全保障任务的，考核结果“一票降级”，情节特别严重的，直接降为D级；在“三个作用”

发挥中作出重大贡献的企业，可“一票升级”。

6. 结果应用环节

在结果应用环节，根据经营业绩考核结果对企业负责人实施奖惩，经营业绩考核结果作为企业负责人薪酬分配的主要依据和职务调整的重要依据。建议增加考核结果在企业工资总额方面的正向应用。建议基于“三个作用”相关指标考核结果，增加科技创新、产业控制、安全支撑“三个作用”分类的优秀企业榜单，给予物质激励和精神鼓励。

（五）探索“打破常规”的创新考核设想

在对考核评价体系各环节的优化设想的基础上，结合企业集中反映的问题，对考核体系的各个维度进行逐步优化，探索更多考核方案。**一是**考虑结合国家战略需求设立多个考核维度，并对每个考核维度分别设立考核体系，即多赛道考核方案；**二是**从考核周期角度，考虑优化考核长短周期结合机制，建立长周期考核方案；**三是**从优化考核成果激励机制出发，改变企业经营业绩排名和薪酬挂钩的方式，以任务包形式将激励和任务完成情况挂钩，建立契约制考核方案；**四是**考虑对企业排名方式和企业考核主体进行优化，提出多主体考核方案。

1. 多赛道考核方案

结合国家战略部署和中央企业主责主业及“三个作用”发挥，设立多分类考核，将企业根据其主营业务范围归入各个分类，在每个分类下对企业进行排名，且根据各分类的企业规模大小或重要程度，对各分类按比例分配A级企业名额。分类的方式可以从多种角度考虑，如根据功能定位分为国防军工类、能源资源粮食安全保障类、网络骨干类、国有资本运营类、科技领军类、高端制造类、战略新兴类等（见表3）。

表3　以发挥作用分类为例各榜单可能采取的考核办法

分类依据	排行榜	可采取的考核方法（举例）
发挥作用	科技创新	如结合科技创新的周期拓展长周期考核方式； 以项目制形式考核企业科技创新作用的发挥，如不承担具体科研任务但提供技术应用场景的企业对其科技创新贡献予以认定并计入考核
	产业控制	设定产业链带动作用相关考核指标和评价方法，以中国商飞为例，可考核国产大飞机产业链上相关参与企业表现，由产业链成员相互自评、互评，确定贡献
	安全支撑	在考核保障任务完成情况之外，考核中央企业是否根据国内外环境变化实时排查企业可能存在的产业链供应链安全隐患，是否建立了应急预案等

除了处于不同行业的企业较难在同一体系下进行比较，对于业务板块较为多元化的企业，如华润集团、招商局集团等，其旗下不同业务板块所处行业和规模均不同，也使考核面临各种难以横向比较的挑战。从该角度出发，可以考虑不局限于企业整体层面的考核，而是从多维度评价中央企业，根据国家对中央企业期望发挥功能的定位差异设立多个考核评价体系，每个体系分别制定专属考核方案，将不同企业或同一企业的不同板块纳入不同的考核体系。一个企业可同时参加多个考核体系的考核，对每个评价体系的排名不严格设定各等级比例，对各榜单排名靠前的企业予以相应激励。

考核维度可以有多种划分方式，如按中央企业发挥“三个作用”可分为科技创新排行榜、产业控制排行榜、安全支撑排行榜等；按企业发展质量可分为高质量发展排行榜、核心竞争力排行榜、降本增效排行榜等，通过考核体系的设定实现对中央企业的导向作用。对于各排行榜的考核方法，可参考借鉴专业机构如《福布斯》、波士顿咨询等的评价体系，结合中央企业发挥的功能作用，对各类专项评价设立专门的考核体系。在评价方法方面，可参考借鉴专业评级机构的评级方式，对各类评价体系中企业的表现做出评级（见图2）。

在多维度多体系评价的基础上，对于同一企业不同业务板块参与

《财富》	普华永道	波士顿咨询	德勤	《福布斯》
改变世界的公司 效仿率：其他公司是否效仿； 合作率：其他公司是否与之合作	**全球创新1000强研究榜单** 基础研发投入、应用研发投入	**未来50强** 专利组合增长情况 **全球最具创新力公司** 管理创新、创新准备度	**高效创新者榜单** 研发人员团队比例、数字化建设	**中国创新企业50强** 企业研发投入、核心自主知识产权、创新驱动的市场优势（核心产品市场占有率，产品可替代程度、数字化程度）

图2　部分专业机构评价体系及所用指标举例

不同考核体系的情况，可根据国家战略需求设定综合评级评价方式，将上述多类评价体系的考核结果以加权方式计算，评价多元化经营企业的综合表现，发布综合评价榜单。对于非多元化经营企业也可适用上述方法进行综合评价。例如，国家当前战略需求为大力推动科技创新，提升企业核心竞争力，则可将综合评价体系中科技创新专项评价和核心竞争力专项评价的权重调高，使综合评价榜单有更好的导向性。

在进行综合评级评价时，考虑到不同企业的差异性，可参考大学学分制，设立央企负责人考核绩点制，将各体系的评价结果以一定加权方式折算为表现绩点，绩点考核结果在负责人不调离央企体系的前提下，终身跟随企业负责人。

2. 长周期考核方案

当前考核体系为任期与年度考核并重，但较短的考核周期可能会导致企业为完成短期目标而追求短期收益或进行无意义投入，不利于企业进行科技创新和相关转型。从该角度出发，可以考虑建立任期为主、年度为辅的考核方案。任期考核可参考 OKR 管理思路，根据国家发展需求和企业自身发展战略，企业和国务院国资委双方共同商定企业任期考核目标。年度考核参考 KPI 管理思路，由企业根据自身发展情况和战略方向对任期目标分解后确定。

在最终的评价中，任期考核的结果作为主要的企业记分、评级依据，年度考核结果不计分不评级（或在任期考核中占较少比重），年度考核主要起到过程检查的作用，不对最终任期考核结果起决定性作用。

年度考核的方式可以参考英国的“红绿灯”模式，由国务院国资委基于年度考核目标和国家需求设置考核清单，基于清单每年度对企业运行情况进行核查，当清单上某一项完成情况较好时，该项为绿灯；没有完成的项则为红灯；部分完成且存在其他问题为黄灯。当绿灯项占比达到一定程度时视为年度考核通过，红灯和黄灯企业需要提交情况说明或整改方案。

任期考核指标应更多选取顺应国家未来发展方向的中长期目标、有挑战性的目标；任期目标在多数情况下保持稳定，但当内外环境和企业所在行业周期发生较大变化时，也应实时加以调整。例如，上海市国资委已形成了较成熟的任期为主、年度为辅的考核方式，三年任期考核的契约签订由考核处与被考核企业反复沟通考核指标与权重，同时在委内与其他处室（科技处、财务处等）反复沟通协商；年度考核只认定是否完成任务，不计分不评级，任期考核结果是评定考核等级的依据。

3. 契约制考核方案

参考国外对国企的弱考核方式，由国务院国资委与企业一对一商定考核目标、专项任务、考核指标、薪酬待遇，签订契约，当企业完成契约条件时，给予约定的薪酬待遇，各企业间不进行横向对比和排名。考核目标可设定为底线目标、基准目标、进阶目标，底线目标可为不低于上年完成值或者前三年完成平均值的较低值，基准目标由企业和国务院国资委共同商定，进阶目标为基准目标乘以适当增速。

薪酬待遇基于目标难度给予相应配套，不由企业间排名决定。考核目标的确定和薪酬的挂钩方式可以参考中国信科对子企业的考核：核心指标分三档计分，形成挑战、基本、底线三档目标，三档指标的得分能够拉开不同档位目标绩效差距，一档最高得 160 分，二档最高得 120 分，三档最高得 110 分，鼓励子企业挑战更高增量目标。

表4　××企业考核子企业目标确定

目标值档位	发展增长率要求		拉开不同档位目标绩效差距	与工资总额挂钩
一档	营收≥20亿元	基准值×max｛10%，行业发展增速｝	最高得160分	利润总额目标值为第一档的，分档系数为1～1.05
	10亿元≤营收<20亿元	基准值×max｛15%，行业发展增速｝		
	营收<10亿元	基准值×max｛20%，行业发展增速｝		
二档	不低于基准值		最高得120分	利润总额目标值为第二档的，分档系数为0.9～0.95
三档	不低于min｛上年完成值，前三年完成平均值｝		最高得110分	利润总额目标值为第三档的，分档系数不超过0.8

目标值档位为一档的，进一步根据营业收入规模确定发展增长率，营收高于20亿元的，发展增长率选择10%和行业发展增速中的较大值；营收位于10亿～20亿元的，发展增长率选择15%和行业发展增速中的较大值；营收低于10亿元的，发展增长率选择20%和行业发展增速中的较大值。核心指标的分档与子企业的工资总额关联，利润总额目标值为第一档的，工资总额分档系数为1～1.05；目标值为第二档的，工资总额分档系数为0.9～0.95；目标值为第三档的，工资总额分档系数不超过0.8，从而给予承担更高挑战任务人员更高的回报预期。

除了给予薪酬激励，也可在荣誉上给予企业激励，由国务院国资委综合各企业表现，设立多项荣誉榜单如科技创新专项、降本增效专项等优秀榜单，对企业进行表彰。但企业的薪酬待遇不与榜单结果挂钩，只由契约决定。

契约制考核方案一方面避免单一排名方式导致部分企业因长期难以达到A级，较难获得较好薪酬待遇而产生躺平心态；另一方面可通过目标设定与薪酬待遇、荣誉奖励挂钩，鼓励企业勇于选择进阶目标，激发企业进取积极性。

4. 多主体考核方案

考核主体层面，目前只有国务院国资委对中央企业经营业绩进行考核，更多关注央企自身表现，对央企的外部性评价相对较少，使当前考核视角相对较窄，对央企发挥核心功能定位的导向相对不足。基于此，可以考虑拓展中央企业经营业绩考核主体，由国务院国资委牵头，结合央企经营可能影响的行业和领域，适当拓展与其他机构的联合考核，对外可与人力资源社会保障部、财政部、工业和信息化部、国家发展改革委、财政部等国家部委或各类相关行业协会组织、各类相关企业包括民营企业、地方国企等机构联合考核，对内可由考核牵头部门对专项考核进行统筹抓总，为考核体系引入多视角评价，以考核为抓手推动央企发挥正外部性，促进央地合作等。

在调研过程中，部分企业反映部分考核指标、考核方法可能与企业所在行业特点不相适应。可以考虑让更了解行业特点的人来决定各行业考核方案，成立考核方案制定委员会，成员由98家央企对考核有深厚经验和思考的专家、对宏观经济运行进行实时监测的研究人员组成，国务院国资委经营业绩考核牵头部门是考核方案的方向制定者和统筹协调人。考核牵头部门制定考核方案后负责向委员会内成员征求意见（或委员会成员直接参与到考核方案的制定），根据意见对考核方案做出调整。在考核方案委员会建立的同时，应建立考核方案双向反馈机制，实时接收企业意见。考核方案制定委员会一方面可使了解行业运行特点和规律的人选择最适合行业的考核方式和指标，兼顾宏观经济环境对企业的影响；另一方面委员会内各行业企业成员间形成制衡，避免各企业在考核方式上徇私舞弊。委员会内成员可作为连接国务院国资委和企业的桥梁，及时反馈考核过程中遇到的问题。

三、政策建议

中央企业是我国经济的重要支柱，对国民经济的发展具有重要作用。为了增强核心功能、提高中央企业的核心竞争力，加强对中央企业的考核是非常必要的。为了完善中央企业分类考核的政策，可考虑以下几个方面政策建议。

1. 目标设置方面

（1）优化目标设定机制，避免出现“鞭打快牛”及与行业周期脱节等考核悖论

在确定基准值时，对标行业水平，对处于较好水平的，可以适度降低基准值要求。加强先进对标，是国务院国资委多年来在业绩考核中一直强调的重点方向之一。在基准值确定上结合行业对标，统筹兼顾基准值设置的参考性、合理性和先进性，有利于更好地加强目标牵引。

对企业超额利润完成部分采取封顶机制，超出封顶的部分不纳入下一年计算基数中，进一步鼓励和激发企业形成向上挑战更高目标的动力，对实现稳增长、促进企业高质量发展，具有显著的拉动作用。

（2）从任期考核战略目标达成体现中长期结合管理思路

一是以 OKR 管理思路确定任期战略目标，但在年度上更多以 KPI 管理思路对任期目标进行细化与分解，确保必要考核目标刚性。二是针对科技创新和战新产业发展导向，探索在部分任务较重企业建立中长周期考核机制，形成以长期目标为主的考核评价体系。

（3）优化对科技创新投入增长的考核

改变目前基于创新投入历史水平的“增量”考核机制，逐步建立以创新投入强度行业均值水平为“底线”，并基于中长期发展目标导向的创新投入持续增长考核机制。

2. 优化分类方面

优化分类可以根据企业的不同特点和功能，对企业进行有针对性的考核，从而提高考核的科学性和有效性。

（1）在分类的基础上加强分业考核

针对中央企业多业务板块的情况，发挥考核的激励约束作用需要考虑业务模式、盈利模式、政策环境以及国家对企业不同类型业务发展的要求等因素进行业务类别划分，以不同业务目标的实现情况决定考核业绩，落实考核导向目标，使考核真正发挥推动企业朝着既定目标前进的“灯塔”作用。

“分业”不是简单的行业划分，中央企业现状已经不能用通常的行业概念来衡量，分业应该具体到业务，从企业发展战略、承担国家战略任务、发挥产业体系的具体功能的角度来看待分业。

（2）对商业类央企的具体业务和活动进行细分

长期以来，商业类央企同样负担国家战略功能、实现公共政策目标等公益性业务，应与竞争性业务实行有效分离，独立运作和核算。可借鉴欧盟《关于成员国和国有企业财务关系透明指令》关于账户分离的做法，设立分立账户，区别对待。对企业的经营性资产与非经营性资产分类引导，对于开展基础研究形成的非经营性资产，在考核中予以区分。

（3）按照行业或技术所处发展阶段不同进行区别对待

针对科技领军企业、高端装备制造企业和战略性新兴产业集团，又可按照行业或技术所处发展阶段不同，划分为培育期、成长期、成熟期。

对于培育期的企业或业务，在考核方面更加突出关键指标的成长性，比如规模的增长速度；同时培育期业务的考核更注重长期性，基于业务长期规划和目标进行考核，以促进业务的发展模式逐步建立成熟。

对于成长期的企业或业务，应更多关注在市场中的竞争地位变化，所以考核指标应更多采用与竞争对手的对比对标方式，引导企业业务逐步超越竞争对手。

对于成熟期的企业或业务，应着重考核其财务回报水平，形成对中央企业规模效益水平的有力支撑。

3. 指标体系方面

根据不同类型的中央企业，建立有针对性的、科学的考核指标体系，包括财务指标、创新指标、社会责任指标等。

（1）兼顾对创新过程和创新成果的考核

建议在创新过程（长期的创新积累）和创新成果（中长期的产出）两个方面进行平衡牵引，进一步加大鼓励企业实现科技自立自强的力度。对于在专利运营，特别是标准必要专利运营有重大突破和规模收入的中央企业给予奖励加分。

推动形成鼓励“首台首套”应用的政策合力及配套的激励措施。设计和应用缺一不可，中央企业要双向打开，加速从能用到好用的过程。对于“首台首套”整个生态的参与者都应该鼓励和奖励。建议明确“首台首套”的定义，对于提供应用场景的企业，给予加分鼓励。

（2）优化指标构成

精简考核指标，减少同维度、同范畴重复考核，强化考核指标设置的明确性、可执行性，避免考核压力传导所导致的考核方式扭曲，发挥考核减负增效功能。增加必做和扣分的约束性指标。丰富指标内涵，可包括子任务、时间节点、计算口径、评价标准等内容，便于操作。设立多维度评价榜单，加大对不同领域企业的激励力度。设立科技创新、产业控制、安全支撑等3～5个“赛道”的评价榜单，最终通过企业评级、加权排序等方式确定考核结果。

4. 评价机制方面

（1）从业绩考核系数入手突破“规模决定”

建议适当调整业绩考核系数中的规模型指标，以效率比率型指标为主，同时结合科技创新和战新产业发展导向，将科技创新投入产出效率作为调整系数构成指标。

（2）提高考核透明度，强化考核激励正反馈作用

持续推进考核公平、公开、公正，通过开展企业年度经营业绩审计、提升标准化程度等方式进一步提高考核透明度，特别是要将加分项评定标准在一定范围内公开，以结果引导和驱动企业努力方向，强化考核激励的正反馈。进一步明确“一票升级”的相关标准要求，“科改示范行动”“创新联合体”等政策均需要保持政策连续性。

课题组成员名单

组　长

万　良　国务院国资委考核分配局副局长

副组长

魏慎洪　国家能源集团企管法律部主任

宋　畅　国家能源集团企管法律部一级业务总监

刘　晋　国务院国资委考核分配局二级巡视员

成　员

吴诗旸　国务院国资委考核分配局一级调研员

王瑞坤　国务院国资委考核分配局三级调研员

王雪莲　国家能源集团技经院总经理、党委副书记，课题负责人

李永生　国家能源集团企管法律部副主任

刘朝元　国家能源集团专职董事

姚　云　国家能源集团技经院副总经理，课题负责人
王　娟　国家能源集团山西公司总会计师
王晓辉　国家能源集团企管法律部经理
贾建强　国家能源集团组织人事部经理
仵建军　国家能源集团财务资本部经理
王宗星　国家能源集团企管法律部高级主管
毛亚林　国家能源集团技经院科研发展部主任，课题执行负责人
乔　波　国家能源集团技经院综合管理部副主任，课题执行负责人
毕竞悦　国家能源集团技经院宏观政策研究部副主任
李　杨　国家能源集团技经院信息情报部副主任
樊鹏灵　国家能源集团技经院财务部副主任
陈嘉许　国家能源集团技经院综合项目评价部四级主管
姜青言　国家能源集团技经院宏观政策研究部三级专责
李　烨　国家能源集团技经院煤化工产业评价部三级主管
周星龙　国家能源集团技经院科研发展部高级研究员Ⅱ
张　蓉　国家能源集团技经院综合项目评价部三级主管
张　鹏　国家能源集团技经院综合项目评价部三级主管
安　杰　国家能源集团技经院财务部三级主管
米剑锋　国家能源集团技经院信息情报部三级主管
滕霄云　国家能源集团技经院信息情报部三级主管
郑　雷　国家能源集团技经院财务部三级专责
张景开　国家能源集团技经院信息情报部三级主管

中央企业科技研发效率研究

国务院国资委科技创新局

摘　要　科技研发效率是衡量研发投入与产出转换效率的关键指标。本研究在剖析提升科技研发效率的重要意义、综述科技研发效率理论研究的基础上，构建了中央企业科技研发效率评价体系的基本框架，并从科技投入、科技产出、科技成果、科技企业等四个方面实证分析了中央企业科技研发效率总体水平特征。着眼于未来研发效率的提升，提出要正确认识中央企业的综合功能与特殊使命，科学把握各类所有制的不同效率特征，全面分析当前中央企业提升研发效率的战略意义，统筹兼顾中央企业提升研发效率的根本要求。并聚焦提高企业核心竞争力、增强核心功能，提出加快提升中央企业研发效率的五方面对策建议。

关键词　中央企业；科技创新；研发效率；对策建议

当前，新一轮科技革命和产业变革同我国转变发展方式发生历史性交汇，科技创新已成为世界百年大变局中的“关键变量”。党的十九届五中全会明确，要坚持创新在我国现代化建设全局中的核心地位，把科技自立自强作为国家发展的战略支撑。党的二十大擘画了以中国式现代化全面推进强国建设、民族复兴的宏伟蓝图，作出了加快实施创新驱动发展战略、完善科技创新体系、增强自主创新能力、优化配置创新资源、提升科技投入效能以及国家创新体系整体效能的战略部署。

中国式现代化，关键在科技现代化。近年来，作为中国特色社会主义重要物质基础和政治基础的中央企业，在加强应用牵引、推动集成创新、打造大国重器等方面取得重大成就，以大投入、多产出筑牢了产业安全稳定和经济高质量发展的根基。在新的发展阶段和历史起点上，中央企业更需进一步提高政治站位，观大势、顾全局、谋长远，从战略高度推动科技创新，围绕发挥核心功能，增强核心竞争力，强化价值创造，着力提升科技研发效率，产出更多高质量科技成果，为推动经济高质量发展、构建新发展格局，实现中国式现代化作出更大贡献。

一、提升科技研发效率的重要意义

科技研发效率是用来衡量研发过程中研发投入与科技产出之间的转换效率。创新主体提高研发效率的过程，就是以最小的科技投入寻求科技产出最大化的过程。当前，我国正迈向高质量发展新阶段，贯彻新发展理念、构建新发展格局，实现高水平科技自立自强，构建自主可控、安全高效、竞争力强的现代化产业体系，都对提升科技研发效率提出了新的更高要求。

一是加快建设世界科技强国的战略要求。科技兴则民族兴，科技强则国家强。科技成果产出的数量与质量，与研发效率水平密切相关。当前，我们比历史上任何时期都更加需要建设世界科技强国，更加接近建设世界科技强国的战略目标。亟须坚持战略导向，坚持“四个面向”，加强科技资源投入，提升科技投入效能，提高成果转化和产业化水平，实现经济量的合理增长与质的有效提升，筑牢建设世界科技强国的物质基础与战略基石。

二是落实创新驱动发展战略的重要举措。加快实施创新驱动发展战略，要求进一步提升资本、劳动、技术、管理的效率和效益，特别是强化科技同经济对接、创新成果同产业对接、创新项目同现实生产力对接。习近平总书记多次强调，要优化创新资源配置，提升科技投入效能、成果转化效率及产业化水平，为提升科技研发效率指明了方向。同时，破解事关经济社会发展全局性、关键性的科技问题，也亟须优化有限创新资源，提升研发效率，产出更多满足当前急需和长远需求的科技成果。

三是提升创新系统整体效能的基础前提。国家创新体系是由各类创新主体、创新环节、创新链条构成的相互关系、内在联系的有机整体，是在更高层次、更大范围发挥创新引领作用的组织基础。提升整体效能要在两方面发力：一方面，提升各类创新主体的创新效率，特别是在总量约束下，聚焦关键环节重点领域，集中力量打赢关键核心技术攻坚战，破解原创技术供给问题；另一方面，发挥新型举国体制优势，实现各主体有机协同和联合创新，形成“1 +1 >2”的创新整体合力，提升创新系统整体效能。

四是重塑国家竞争优势和国际竞争格局的有力抓手。当今世界面临百年未有之大变局，国际力量深刻调整，大国竞争日趋激烈，地缘政治错综复杂，支撑经济发展的科技实力竞争成为博弈焦点。同时，全球创新活动进入密集活跃期，创新不断突破地域、组织、技术界限，引领前沿科学领域向超宏观、超微观、极端复杂方向发展，推动跨越不同创新链的融合创新、跨越创新链不同环节的系统创新成为发展趋势。科技竞争正演化为研发效率、创新能力与创新体系之争。提升研发效率也是重塑国家竞争优势、推动大国崛起、决胜战略博弈的重要途径。

二、科技研发效率的内涵要义

（一）内涵特征

20 世纪中期开始，世界经济持续快速增长，科技创新成为推动经济发展的重要动力，增强创新能力、提升研发效率成为决定性因素，相关研究也成为学术界的关注焦点。各国学者基于技术创新、知识扩散、技术能力等理论，采用运筹学、计量经济模型，对世界各国及地区的科技研发效率情况、影响因素等进行了理论研究与实证分析，在全面反映研发效率水平、持续推动创新理论发展等方面发挥了积极作用。我国研究始于 20 世纪 80 年代，不同专家学者分别从国家、地区、行业等层面开展了研究，对我国研发效率和创新能力状况进行了研究探索。近年来，特别是党的十八大以来，以习近平同志为核心的党中央把科技创新摆在国家发展全局的核心位置，推动我国科技事业取得历史性成就、发生历史性变革。在此背景下，统筹中华民族伟大复兴战略全局和世界百年未有之大变局两个大局，加快实施创新驱动发展战略，加快建设科技强国，都迫切需要提升科技研发效率，支撑经济社会的高质量发展。

根据世界知识产权组织（WIPO）发布的《全球创新指数（GII）》中的两项创新绩效评价指标：一是创新指数，为创新投入指数和创新产出指数的平均值，反映创新能力；二是创新效率比，为创新产出指数与创新投入指数的比值，反映创新效率，即科技研发效率。由此看出，研发效率是研发行为产出与投入的比值，即单位研发投入带来的科技成果产出。此外，研发效率是一个涉及创新链、资金链、人才链深度融合和多要素协同配置，以及基础研究、应用基础研究、试验发展等多创新环节、多成果产出应用，并受到政治、经济、社会、环境等多因素影响的复杂系统。研究工作要全面把握其概念内涵与影响因素，围绕科技投入—科技产出—科技成果—科技企业全链条开展，力求打通从科技强到经济强的通道，实现科技与经济的深度融合。

一是科学、技术与创新。科学、技术与创新是三个相互联系又互相独立的创新形态，在研究目的、研究对象、关注方向、研究过程、研究方式、成果形式等方面都存在重要区别。

二是研发人员和研发资金。研发人员和研发资金是研发投入的两个重要要素。

三是中间产出和最终产出。科技投入的根本目的在于创造更多应用于经济社会发展的科技成果，因此，对科技产出影响的追踪和回溯是衡量研发效率效果的重要评判依据。

四是研发效率与转化效率。研发过程是新技术、新产品的创新过程，对应研发活动的成果投入产出；转化过程是新技术及产品的应用过程，对应技术转化应用的投入产出。报告中的研发效率是广义的效率概念，包括上述两方面内容。

五是知识获取、知识创造和知识扩散。从知识流的角度看，科技研发过程包括知识获取、知识创造、知识扩散三个主要环节。三个环节相辅相成，缺一不可。

六是科技产出、企业发展与产业发展。科技产出既包括直接的科技成果产出，也包括由科技进步带来的间接层面对于企业、产业和经济发展带来的作用与影响，是科学价值、技术价值、经济价值、社会价值的集成体现。

（二）理论体系

一是技术创新理论。熊彼特认为创新是生产要素的新组合，将创新分为技术创新、市场创新、组织创新三种类型。并认为技术创新是形成和实施新思想的过程，是技术向商业化的转化，包括产品创新、技术开发及商业化三方面。

二是新古典经济增长理论。该理论主要考察技术进步对经济增长的影响，认为知识和技术是外生于经济增长的公共产品，可为所有人使用，改变现有生产函数，实现全球经济的均衡发展。

三是内生经济增长理论。该理论认为技术创新是经济增长的源泉，经济增长是技术发展的结果。提出了包括资本、劳动、人力和技术四种要素，以及研究开发、中间产品和最终产品在内的动态垄断竞争模型。

四是知识扩散理论。研发活动会创造新知识，知识通过扩散，带来研发效率的提升。因此提高一国的研发效率，需要依赖知识在不同部门的扩散，特别是国际知识的外溢。

五是技术赶超理论。新技术改变了后发国家的发展条件。各国之间的技术差距可以被认为是一个“巨大的承诺”，即后发国家可以通过模仿领先国家的技术实现技术赶超和快速增长。

六是社会能力和吸收能力理论。实践中，各国之间不存在自发的技术赶超，技术赶超要以具备必要的社会能力和吸收能力为前提，受到研发水平、人力资本、开放程度，以及组织制度变革等外部因素的影响。

七是技术能力理论。技术能力是有效利用技术知识来吸收、使用和改变现有技术的能力，以及能够创造新技术并开发新产品的能力，包括生产能力、投资能力和创新能力，受到要素禀赋、产业结构、技术体制、人力资本等因素影响。

八是创新价值链理论。创新价值链是指获取、转化及开发利用知识的过程，包括获取知识形成新产品的产生阶段、形成经济价值的转换阶段，以及产品扩散阶段，且该过程不断循环。

九是国家创新体系理论。国家创新系统是由公共部门和私营部门组成的网络，决定了知识技术扩散的能力和创新活动的表现。其中，政产学研用结合是国家创新体系建设的关键，政府对技术创新的有效干预是一国提升创新能力的重要手段。

（三）主要观点

综合科技研发效率理论研究和实证研究，以及结合全球创新领域的研究成果，形成如下观点启示。

一是研发投入要注重资金投入与劳动力投入的均衡。科技创新关键在人。研究表明，科技人才的投入对于研发投入效率提升作用非常重要。一方面，研发效率的提升和研发资金的投入需要作为创新主体的研发人员的创新活动才能发挥作用。另一方面，研发人员提高研发效率，除自身具备研发能力外，还必须依赖相应的研发资金的投入。因此，研究科技研发效率，必须注重研发人员、研发资金等科技要素的统筹协调与均衡投入，综合评价研发人员和研发资金投入的水平与质量。

二是研发投入既要考虑绝对数量也要关注相对结构。资金投入方面，要综合考虑资金规模、资金来源、资金结构、研发强度、投入方向等数量指标和结构指标，这是决定科技研发效率和资源配置效率的重要因素，即优化科技投入结构，加大基础研究投入，加强社会化资金投入，提高人均投入水平等，也是提升研发效率的重要内容；人员投入方面，也要综合考量科研队伍规模等数量指标，以及高层次人才结构等质量指标。

三是科技产出既要计量直接产出也要重视间接影响。科技产出方面，要以科技成果的“质量、绩效、贡献”评价为基础，全面反映创新水平、转化应用绩效及对经济社会发展的实际贡献，强化创新成果的高质量供给与转化应用。要遵循科研创新的渐进式规律和不同创新链条的差异化成果形式，兼顾局部和全局、当前和长远，分阶段（基础研究、应用基础研究、试验发展、转化应用）、分类别（科学价值、技术价值、经济价值、社会价值、文化价值）识别反映技术成果的质量水平和影响。

四是研发效率提升是多因素共同作用的复杂过程。研发效率受到行业特征、发展阶段、发展模式、管理体制、制度环境以及企业技术能力、创新绩效等因素的影响。国家层面，受到资源禀赋、产业结构、政策体制、市场化程度、产学研合作等影响；产业层面，受到产业发展周期、发展模式及关键驱动要素等影响；企业层面，受到企业规模、发展质量、技术能力、组织管理、资源配置等影响。

五是研发效率与科技产出之间不存在绝对正相关关系。首先，研发效率没有规模经济性，高投入不一定带来高产出，存在科技投入产出的规模收益递增、不变和递减等不同情况。其次，科技成果质量水平不同，会导致研发效率出现差异。最后，研发产出成果在经济社会中的应用，会受到成果转化不畅和链条中断、效应滞后等问题的影响，从而影响效率水平。

六是技术能力是决定科技研发效率的关键因素。研发效率与研发主体的技术能力密不可分。后发国家想要实现技术赶超，必须具备技术吸收能力，才能将国外先进技术转化为内生发展的创新能力，从而带来研发效率、生产效率的提升。反观没有建立与之相适应的技术吸收能力，容易陷入“引进—落后—再引进—再落后”的恶性循环与“低增长陷阱”。

七是加速知识扩散是研发效率提升的前提与手段。知识扩散特别是国际知识扩散是提升研发效率的前提条件。知识扩散对于知识流动具有促进作用，知识扩散减少了国家之间的技术差距，后发国家得益于发达国家的技术传播，加快技术消化吸收和赶超。知识扩散的速度也决定了研发效率提升的速度。

八是研发效率提升不能仅依靠技术扩散实现。一些情况下，发达国家出于保护潜在利益的影响，会阻断技术的自然扩散进程。近年来，在一些关键核心技术领域，以我国为代表的后发国家受到西方国家的全面遏制、打压、断供和封锁，出现了“关键核心技术要不来、买不来、讨不来”的情况。当技术扩散无法顺利进行时，就需要依靠自力更生、自主创新、内源式发展来实现效率提升。

九是研发效率提升也需要统筹领域和行业布局。宏观层面的科技研发效率离不开具体领域和行业的选择，各领域和行业的战略性、重要性也是决定经济研发效率的重要因素。因此，提升科技研发效率，要把有限的资源优先配置在战略性、前沿性、先导性、支柱性领域，把效率提升与结构优化、转型升级、形成新质生产力、打造未来竞争优势等有机结合起来。

十是亟须构建综合性科技研发效率评价体系。综上，从研发效率的影响因素看，技术能力是决定因素，知识扩散是重要前提，而国家资源禀赋、发展阶段、主导产业、政策制度体制等是重要影响因素。因此，没有放之四海而皆准的研发效率最优目标，各国、各行业发展情况不同，效率水平也各异，效率目标要因时、因类、因业、因企制宜。此外，效率指标更多表征数量关系，不代表质量，不能认为研发效率越高越好。因此，要把研发效率作为过程性指标和手段，创新能力作为结果性指标和目标，既关注效率提升，又关注能力提高，追求"高水平的高效率"，才是推进创新的正确方式。

三、科技研发效率评价的基本思路

（一）评价指标体系及基本原则

科技立则民族立，科技强则国家强。科技研发效率直接影响着企业的竞争力和国家的综合实力。因此，本研究基于从科技强到企业强、经济强的底层逻辑，探索构建基于科技投入、科技研发、科技转化、企业发展、产业发展、经济发展的覆盖全创新链、全产业链的研发效率逻辑框架（见图1）。

具体指标体系构建方面，应遵循五方面原则：一是科学性原则。结合理论和实践研究基础，采用恰当的指标设计方法，使评价体系能够充分体现出研发效率的特征要求，合理反映研发投入产出的内在关系。二是代表性原则。由于难以穷尽所有指标，在指标体系构建过程中，尽可能选取代表性强的指标。三是可比性原则。选取国际上通用的表征企业创新情况和发展情况的通用评价指标，确保口径统一，具备可比性。四是分类评价原则。根据不同的行业和企业，分类开展国

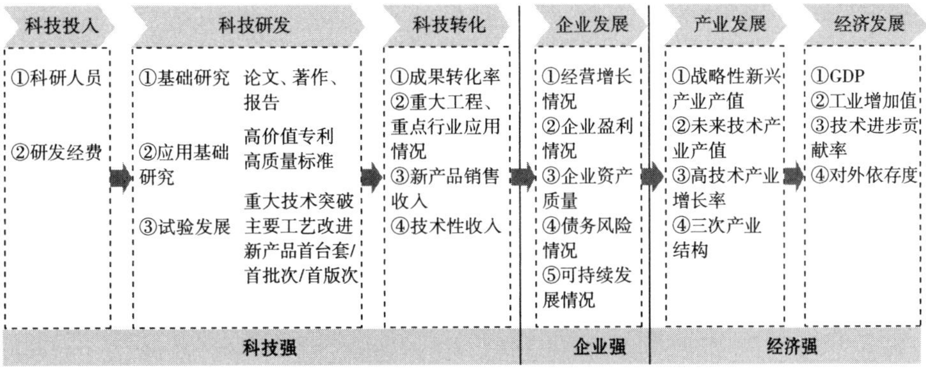

图1　科技研发效率研究逻辑框架图

际一流分类对标分析，确定其相对效率水平。五是可操作性原则。指标选取过程中，数据来源要可靠，且易于获取、便于评价，具备实用性和可操作性。

（二）基于不同对象的评价体系

根据研发主体的不同，研发效率指标也不同。一是国家层面，通常采用全球创新指数、科技进步贡献率、万人高价值发明专利、劳动生产率等评价指标，此外还包括经济发展情况类指标，如经济增长率、工业增加值、经济结构等；二是产业层面，主要有高技术产业产值/增加值/占比、高新技术产品出口额占比、战略性新兴产业产值/增加值/占比、技术对外依存度等；三是企业层面，包括创新全过程的科技产出数量和质量、带来的经济效益，以及企业发展质量和竞争力的提升等，如新产品销售收入、技术性收入、企业规模、利润、投资报酬率等。

（三）基于不同环节的评价体系

基于前期研究可知，研发效率指标是一个综合性的指标体系，至少包含五个方面的内容：科技投入、科技产出、科技成果、科技企业/科技产业，以及发展环境（见图2）。投入产出效率计量应该是这五类指标的综合合成值。

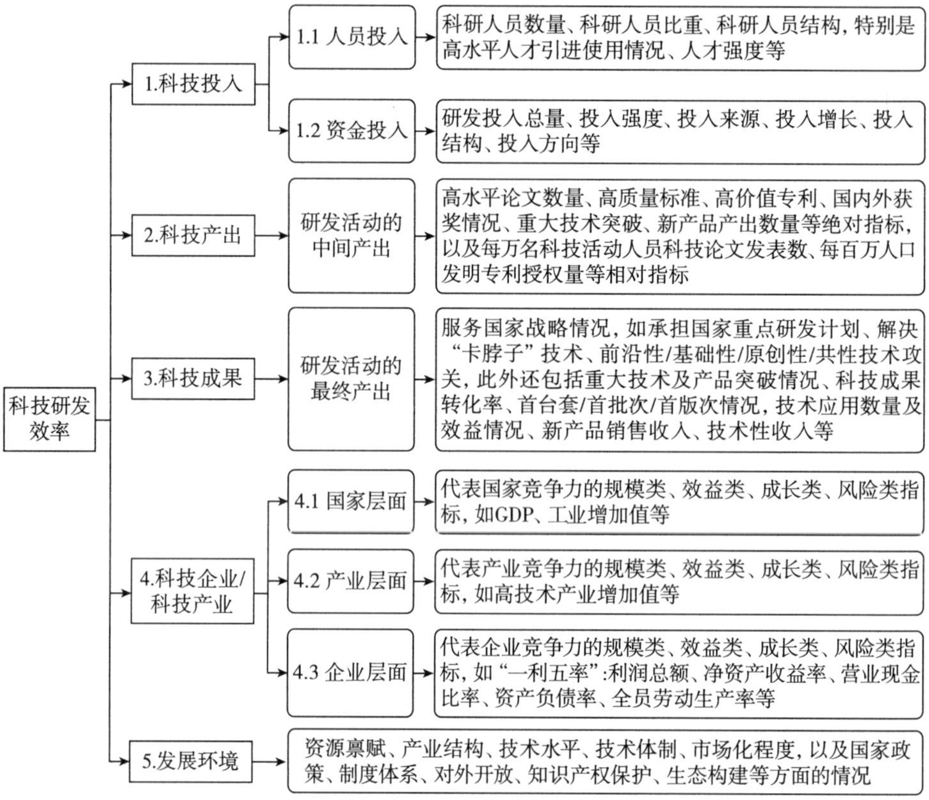

图 2　科技研发效率影响因素

一是科技投入。包括人员投入、资金投入。人员投入包括科研人员数量/比重/结构，特别是高水平人才引进使用情况、人才强度等指标；资金投入包括研发投入总量、投入强度、人均研发投入金额、投入来源、投入增长、投入结构、投入方向等。

二是科技产出。为研发活动的中间产出，主要包括高水平论文数量、高质量标准、高价值专利、国内外获奖情况、重大技术突破、新产品产出数量等绝对指标，以及每万名科技活动人员科技论文发表数、每百万人口发明专利授权量等相对指标。

三是科技成果。为研发活动的最终产出，包括服务国家战略情况，如承担国家重点研发计划、解决“卡脖子”技术、前沿性/基础性/原创性/共性技术攻关，此外还包括科技成果转化率、首台套/首批次/首版次情况，技术应用数量及效益情况、新产品销售收入、技术性收入等知识产权转让收入指标。考虑到研发的周期性和滞后性，指标统计口径通常采用连续3年的平滑数据。

四是科技企业/科技产业。为技术创新带来的企业、产业和国家发展质量提升指标，国家层面、产业层面、企业层面分别为代表国家竞争力、产业竞争力、企业竞争力的规模类、效益类、成长类、风险类指标，如GDP、工业增加值、高技术产业增加值、企业营业收入、利润总额、净资产收益率、营业现金比率、资产负债率、全员劳动生产率等。

五是发展环境。为资源禀赋、产业结构、技术水平、技术体制、市场化程度，以及国家政策、制度体系、对外开放、知识产权保护、生态构建等方面的情况。由于这类指标在实际操作过程中难以衡量和表征，暂不纳入评价体系。

（四）基于中央企业的评价体系

中央企业研发效率的高低，一方面表现为中央企业的整体效能，是中央企业作为一个群体在国家创新体系中的地位作用；另一方面，单个企业作为独立的创新主体，研发效率可以通过对标世界一流来分析判断。此外，由于本次研发效率评价的主体为企业，产业指标超出了企业范畴，暂不纳入本次评价。具体指标体系见表1。

表1　中央企业科技研发效率评价指标体系

序号	分类	二级分类	三级分类	具体指标
1	科技投入	1.1 资金投入	1.1.1 投入规模	研发经费支出总额
			1.1.2 投入强度	＝研发经费支出/经营收入
			1.1.3 投入来源	政府资金、社会资本、企业自筹资金占比
			1.1.4 投入结构	基础研究、应用基础研究占比
				研发人员劳动报酬、购买资产技术设备支出等占比

续表

序号	分类	二级分类	三级分类	具体指标
1	科技投入	1.1 资金投入	1.1.5 投入方向	战略性新兴产业/未来产业研发投入占比
		1.2 人员投入	1.2.1 人员规模	科技活动人员数量
				院士、战略科学家、诺贝尔奖获得者等高水平人才数量
			1.2.2 人员结构	科研人员占比 = 科研人员/企业员工总数
				研究与试验人员占比
			1.2.3 人才质量	人才当量密度（按职工学历、职称、技能等级折算累加/本企业职工人数量）
		1.3 平台投入	1.3.1 国家平台	国际级平台数量
2	科技产出	2.1 高水平论文	2.1.1 论文数量	高水平科技论文数量（SCI 一区、二区，EI 第一作者等）； 每万名科技活动人员科技论文发表数量
			2.1.2 论文质量	高引用论文数量； 每万名科技活动人员高引用论文数量
		2.2 高价值专利	2.2.1 专利授权量	专利授权量； 每百万人口专利授权量
			2.2.2 发明专利授权量	发明专利授权量； 每百万人口发明专利授权量
			2.2.3 国际专利授权量	PCT 国际专利； 美、日、欧市场专利授权量； 每百万人口高价值专利授权量
			2.2.4 技术许可	对外技术许可合同额
		2.3 高质量标准	2.3.1 标准数量	主持国际、国家、行业技术标准数量
				参与国际、国家、行业技术标准数量
			2.3.2 国际标准数量	主持国际标准化组织（ISO）、国际电工委员会（IEC）、国际电信联盟（ITU）等标准数量
				参与国际标准化组织（ISO）、国际电工委员会（IEC）、国际电信联盟（ITU）等标准数量
		2.4 国内外奖励	2.4.1 国际级奖励	获国际重大科技奖励数量
			2.4.2 国家级奖励	获国家最高科学技术奖、国家技术发明奖、国家科学技术进步奖等五大科技奖励数量
			2.4.3 中国专利奖	中国专利金奖、银奖、优秀奖数量
		2.5 国家战略任务	2.5.1 战略任务承担情况	基础性、前瞻性、原创性技术攻关情况

续表

序号	分类	二级分类	三级分类	具体指标
3	科技成果	3.1 转化数量	3.1.1 成果转化率	=已转化的科研成果数量/科研成果总数量
			3.1.2 首台套情况	首台套/首批次/首版次数量
			3.1.3 重大应用情况	重大工程、重点领域应用数量
		3.2 转化效益	3.2.1 新产品销售收入	
			3.2.2 新产品收入率	=新产品销售收入/主营业务收入
			3.2.3 技术性收入	
			3.2.4 新技术贡献率	=新技术收入/主营业务收入
			3.2.5 新产品市场占有率	=新产品销售额/市场销售总额
4	科技企业/科技产业	4.1 增长情况	4.1.1 营业收入增长率	=（当年营业收入－上一年度营业收入）/上一年度营业收入
		4.2 盈利能力	4.2.1 收入利润率	=利润总额/销售收入
		4.3 资产质量	4.3.1 资产收益率	=净利润/平均资产总额
		4.4 债务风险	4.4.1 资产负债率	=负债总额/资产总额
		4.5 技术自主	4.5.1 技术自主度	=（知识产权出口使用费）/（进口使用费+出口使用费）

四、新形势下全面把握中央企业的核心功能与科技使命

（一）正确认识中央企业的核心功能与特殊使命

中央企业作为中国特色社会主义的重要物质基础和政治基础，是推动经济社会发展、促进科技进步、加强国防建设、增进改善民生的战略力量，是政治功能、社会功能和经济功能的统一体。其中，政治功能决定了社会功能和经济功能的主体方向，社会功能是政治功能和经济功能的重要体现，经济功能又为政治功能和社会功能的实现提供了基础支撑。三者相互协同、互相融合，使中央企业具备了多重功能与多元目标。因此，中央企业既要提升科技研发效率，也要着眼于企业整体功能的发挥，以及综合效益的提升，既不能顾此失彼也不能厚此薄彼。

（二）科学把握各类所有制企业的不同效率特征

应当看到，企业的成长是一场综合实力的持续角逐。一般来说，企业规模越大，管理层级越多，决策反应速度就越慢，创新效率就越低。反之，小企业具有较快的发展速度与较高的研发效率，但同时也存在发展的高度不确定性。美国中小企业管理局对分布在362个行业的8074项发明和创新的研究表明，中小企业成果数量占比55%，中小企业每名员工的产品创新数量比大企业高1.38倍，从科技创新到产品投入市场的时间也比大企业缩短0.8年。但是，不能仅仅通过效率指标来衡量大企业与小企业的发展效能。因为中央企业的多重功能，决定了要统筹综合目标体系，把握好稳和进的关系，发展和安全的边界，改革与稳定的协同，发挥科技创新、产业控制、安全支撑的累加最大化效应，寻求更高质量、更有效率、更可持续、更加综合平衡发展状态下的研发效率最优解。

（三）全面研判新形势下提升研发效率意义

要充分认识到进入新发展阶段、贯彻新发展理念、构建新发展格局的时代背景下，提升中央企业科技研发效率，对于增强国有经济核心功能与核心竞争力、强化战略科技力量的引领支撑作用，实现高质量发展、推进中国式现代化的重大意义。同时也要认识到，科技投入是重要的战略性投资，提供更多更好的原创科技成果，不仅是发展问题，更是生存问题。高质量的战略性科技成果对于牢牢把握发展主动权、统筹国家发展和安全具有战略支撑作用。特别是面对西方的封锁打压遏制，着力提升资源能源安全、网络安全、生物安全、国防安全等领域的研发效率，筑牢维护国家安全的科技防线与战略基石，是中央企业责无旁贷的使命与责任。

此外还应当看到，近年来伴随着科技多元化投入的增长，我国科技主要矛盾从总量不足转变为高质量发展对科技支撑需要与研发效率不高的矛盾。面对科技创新主要矛盾的变化，以及大国博弈科技创新主战场的更迭，中央企业要切实承担新使命、新任务，展现新担当、新作为，以强化科技创新能力、提升科技研发效率为导向，发挥关键作用，增强核心功能，提升核心竞争力，全面提升国有经济的战略支撑作用。

（四）统筹兼顾中央企业提升研发效率的根本要求

一是抓住新一轮技术革命和产业革命带来的历史性机遇，突出科技创新核心位置，全面增强自主创新能力，加快提升科技研发效率，把科技创新作为转变经济发展方式，推进产业基础高级化、产业链现代化的前锋利器，以科技创新和产业创新引领现代化产业体系建设。**二是**坚持系统观念、坚持战略导向、坚持综合效益、坚持“四个面向”，以提高投入强度、产出高质量科技成果等为出发点，全面提升中央企业科技创新力、产业控制力、安全支撑力，构建基础牢靠、韧性强劲的国有经济科技战略支撑能力体系。**三是**以推动国有经济布局优化和结构调整为抓手，优化研发投入结构，将创新要素更多投入到技术含量高、发展潜力大、保障能力强的重点产业，加快形成一批战略性、基础性、原创性、引领性科技成果，并通过技术的外溢扩散和牵引带动效应，促进产业结构升级，加快培育新质生产力。**四是**以重构创新体系为导向，紧盯效率指标，改革科研管理体制机制，营造有利于激发创新活力的生态环境。

五、加快提升中央企业研发效率的对策建议

一是加强统筹谋划，明确研发效率提升方向。围绕国家战略需求、产业发展急需及企业核心功能发挥，统筹国家重大战略、重大规划、重点产业链、重要科研项目、关键核心技术卡点，以及战新产业与未来产业布局，优化资源配置，推动创新资源向事关发展全局和长远利

益的基础性、紧迫性、前沿性、颠覆性技术领域倾斜，向重点行业、重点领域、重点任务集中，向龙头企业、链长企业集聚，由其发挥稳链、补链、固链、强链、塑链、延链、布链作用，推进技术、平台、人才、转化一体设计，强化科技创新与产业创新的纵向贯通与横向融通。

二是加快创新链建设，打通研发效率提升通道。围绕创新链重点企业，打造基础研究探索者、关键核心技术供给者、共性技术破题者、系统攻关组织者、应用推广先行者、双链融合示范者。基础研究领域，鼓励企业坚持长期主义，持续投入、厚积薄发；关键技术领域，围绕“卡脖子”“非对称竞争优势”领域，实现技术突破；共性技术领域，依托转制院所和国家级创新平台，开展战略导向应用研究与技术扩散；中试验证领域，建设一批分析测试、检测检验、示范验证等服务平台，打通“研发—应用”中梗阻；产业化环节，建立场景驱动创新到产业化，再反向拉动创新的迭代闭环；系统攻关领域，发挥建制化、大兵团作战、大范围协作优势，一体推进科研、设计、实验、制造、工程和应用，实现系统能力提升；创新链、产业链协同方面，要围绕产业链部署创新链、围绕创新链布局产业链，加快打造原创技术的“策源地”，建设现代产业链的“链长”。

三是强化目标导向，构建研发效率综合评价体系。首先，构建体系。借鉴《全球创新指数》的做法，构建研发效率和创新能力相结合，覆盖投入—产出—成果—企业全过程的综合评价体系。投入方面重点考察基础研究投入比重，成果方面考察新产品销售收入占比，企业方面重点考察利润等经济指标，国家层面重点考察国家战略、规划、重点任务的落实承担情况。**其次，分类评价。**强化科技创新、产业控制和安全支撑核心功能导向。科技创新功能重点加大对科技投入、产出、成果等的考核权重，突出关键核心技术突破，以及国家重点研发计划执行，重在产出高质量科技成果；产业控制功能重点加大企业指标考核权重，突出规模利润等经济指标，重在提升行业地位、推动稳链固链、增强产业竞争力；安全支撑功能重点加大国家指标权重，主要考核维护国家安全、改善国计民生等方面的保障作用。**最后，分类监管。**研发效率低的企业加快建设产学研深度融合的研发体系，转化效率低的企业要逐步完善成果市场化机制，要素结构已达高级阶段、投入边际效率递减的企业不再追高投入。

四是加强企业指导，做强研发效率提升支撑主体。科技投入的收益主要来自对科技创新不确定性风险实施科学有效的管理。要引导中央企业重视创新管理，通过强化不确定认识，改进研发机制，加强过程管理，优化资源配置，完善成效评价，消除科技管理和研究攻关过程中的潜在风险。科研管理方面，要根据不同研发活动的特点，分类管理、精准施策，加强总体目标与阶段性目标、里程碑的设定，一段一论，分段管理、分段评价、分期拨款、及时评价，动态调整。人才管理方面，倡导“不存资金存人才，不看现在看未来”，鼓励企业聚焦关键技术人员，以及高水平科技管理人员，完善“选、育、用、留”体系，构建岗位价值图谱，完善人才评价体系，优化创新生态环境。

五是完善政策体系，重塑提升研发效率治理体系。适应新时代提升研发效率的新需要，深化科技体制改革，构建科技治理新体系，统筹算好“政治账”“经济账”“科学账”“长期账”；根据不同创新活动特点，探索覆盖1年—3年—5年—10年的分类评价与回溯评价体系；规范科技统计体系，聚焦科研活动本质要求，摸清家底底数；加大资本金对关键领域、重点企业的支持力度，完善基础研究长效投入机制；研究出台知识产权确权、成果价值核定、利益分配共享等制度办法；对新技术、新产业实行包容审慎监管，研究首台（套）装备应用免责机制，重点行业设置战略性亏损期；完善科技创新基金投资转化、股权激励、项目分红等长效激励机制，追责与追奖结合引导创新行为长期化；鼓励企业利用全球创新资源，融入全球产业生态，构建全球科技共同体，在更高起点上推进技术开放合作，依靠国际分工来实现高效率和低成本，力争在实现高水平科技自立自强、建设现代产业体系、构建新发展格局中发挥更大作用。

课题组成员名单

组　长

方　磊　国务院国资委科技创新局副局长

刘富荣　中咨公司副总经理

副组长

裴毅东　国务院国资委科技创新局创新体系处处长

申海燕　中咨公司研究中心副主任

成　员

鲁跃峰　国务院国资委科技创新局干部

周　岩　国务院国资委科技创新局干部

刘义成　中咨公司副研究员

李　东　中咨公司副研究员

靳博越　中咨公司工程师

何宇轩　中咨公司工程师

王　静　中咨公司助理研究员

张天毓　中咨公司助理工程师

观点文章篇

提升我国关键共性技术供给能力 亟须强化转制科研院所作用

习近平总书记强调，**关键核心技术是国之重器，对推动我国经济高质量发展、保障国家安全都具有十分重要的意义。国有企业特别是中央所属国有企业，一定要加强自主创新能力，研发和掌握更多的国之重器。**关键核心技术“卡脖子”，卡的往往是行业关键共性技术。习近平总书记在党的十九届五中全会上指出，**要建立共性技术平台，解决跨行业、跨领域的关键共性技术问题。**转制院所是我国研究关键共性技术的重要载体，强化转制院所关键共性技术供给能力，具有重要的意义。

一、转制院所是当前解决关键共性技术供需矛盾的重要力量

转制院所特指1999年和2000年国家对21个原中央级科研机构实施“企业化转制”后形成的院所机构，涉及冶金、机械、石化、轻工、建材、煤炭等行业的376家单位。2018年的统计显示，这些科研机构在转制改革和重组整合后，技术开发类转制院所还剩下260家，其中国资系统监管的共有183家，占70.4%。2017年，全部260家转制院所净资产总额2957.5亿元，其中净资产排名前十位的也均为中央企业科

研院所，净资产总额1578.9亿元，占比53.4%；全部260家转制院所利润总额215.2亿元，其中利润总额排名前十位的均为中央企业科研院所，利润总额161.5亿元，占比75%。这些企业在研发实力上具有丰富的技术积累，无论是历史前身还是当前阶段，在我国关键共性技术创新体系中具有特殊地位，其存量价值不容忽视，未来潜能也应大力挖掘。

（一）关键共性技术供给是转制院所设立的基本定位

转制院所的前身是新中国成立初期为增强国力、实现科技兴国而建立或恢复形成的相对完整的科研体系，旨在为国民经济发展供给关键共性技术，不断提高综合国力和产业竞争力。

（二）转制院所仍具有较强的科技创新竞争优势

转制院所近年来通过技术产业化发展，经营能力得到大幅提升，其研发基础支撑能力也不断增强，研发产出规模与效率明显提高，在相关产业或区域创新体系中依然占据重要地位。

（三）转制院所是解决关键共性技术自立自强的重要力量

在美国推动对华科技“脱钩”和我国构建“双循环”新发展格局背景下，亟须一支稳定的关键共性技术研发力量。转制院所兼具公益性和营利性，拥有国资背景和创新基因，具有技术攻关新型举国体制基础和国家使命感，是重要的关键共性技术开发平台。

二、转制院所关键共性技术供给能力弱化

通过对国内外几十家政府部门、科研院所、研究机构的上百位专家调研访谈，并对十家有代表性科研院所的典型做法和问题进行深入剖析，我们发现，尽管转制院所在关键共性技术供给上发挥了一定的作用，但近年来供给能力存在明显的弱化现象。**一是**影响力日益减弱，2013—2017年承担的国家科技项目数（研究对象为全部260家转制院

所）从3306项降至2325项，国家科研项目占比从31.9%降至14.2%。**二是**投入能力不足，2017—2019年（研究对象为调查表回收的14家企业）共性技术研发经费占总投入的比例从29.7%降至27.2%，政府经费投入占比从18.4%下降至15.8%。**三是**产出能力衰减，2008—2017年，主编或修订的标准数（研究对象为全部260家转制院所）由3530项降至1852项，年平均降幅约7%；共性技术每百万授权专利数由0.57项降至0.53项，年平均降幅约3%。

造成近年来转制院所关键共性技术供给能力弱化的原因是多方面的，既受其自身产业化生存发展以及经营管理的主观因素影响，也有来自科技体制、国有资产管理、产业政策（财政政策、金融政策等）以及外部环境等客观因素的影响。

（一）转制院所功能定位不清晰，关键共性技术研发动力不足，其供给体系顶层设计亟待加强

转制院所转企后工作重心逐步向追求经济利益转变，在自身功能定位和关键共性技术供给能力方面，缺乏清晰的战略导向，原创性、长周期的关键共性技术研发动力不足。国家在转制院所中组建的国家重点实验室及各类平台以挂牌为主，导致平台研发分散、各自为政，难以取得重大突破，远不能满足产业共性技术创新的需要。

（二）企业化考核模式抑制了部分转制院所关键共性技术供给能力发展

通过调研，91.9%的专家认为以利润为导向的考核抑制了转制院所关键共性技术的开发动力。特别是央企集团下属转制院所，在企业化考核模式下，科技研发偏向短平快项目，发展方向趋向技术产业化，在关键共性技术研发和技术扩散能力方面趋于弱化。

（三）国家层面资金投入不足，难以支撑关键共性技术研发需求，高端人才培养机制有待增强

现行中央财政科技计划中缺乏产业关键共性技术专项研究经费，

国家投入资金在转制院所关键共性技术研发经费中占比极小。另外，关键共性技术研究高水平领军人才培养和供给不足，人才流失严重，出现人才断层。

（四）技术市场跟不上关键共性技术发展需求

共性技术创新具有高投入、高风险、准公益性的特征，除财政资金投入外，其创新融资配套制度还不完善，支持关键共性技术创新的市场融资体系尚未形成。针对关键共性技术知识产权保护力度不足，制约了关键共性技术创新发展和推广应用。

三、提高转制院所关键共性技术供给能力的政策建议

结合欧洲尤里卡计划、美国半导体制造技术联合体、德国弗劳恩霍夫协会、日本产业技术综合研究所、韩国科学技术研究院等在顶层设计、管理体制、运行机制、激励机制等方面的优秀做法，研究发现做好关键共性技术供给主要取决于四个方面：**一是**强化关键共性技术供给体系的顶层设计；**二是**设立专项研究计划或研究联合体，有利于赢得认同，进行拓展和延伸；**三是**简化关键共性技术供给管理结构，提高主体独立决策和研发的效率和灵活性，避免基础研究与市场脱节；**四是**创建多渠道投融资体系。针对我国转制院所关键共性技术供给能力实际情况，借鉴国际有益经验和做法，提出如下建议：

（一）重新明确转制院所的功能定位，统筹协调转制院所共性技术供给能力体系的建设

对具备关键共性技术研发能力且有意愿持续供给关键共性技术的各类转制院所，支持建设关键共性技术平台。鼓励转制院所间加强联合研发，探索跨领域、跨层级组建关键共性技术攻坚联盟。

（二）改革部分转制院所企业化考核模式，强化关键共性技术供给考核导向

采取分类考核的方式，对于下属单位中转制院所较多的央企，可增加关键共性技术供给考核权重，推动供给能力持续提升。央企集团在对下属转制院所进行考核时，建议参照国务院国资委对一级央企转制院所的考核方式，加强对创新能力和服务行业能力提升的考核。

（三）加强资金、人才等资源配置，稳定支持关键共性技术开发、应用和推广

设立国家“产业关键共性技术”研发计划，采取连续性支持的课题制或项目制形式，解决研发投入强度和连续性问题。建议设立“产业关键共性技术”研发人才专项，推进人事管理制度改革。设立关键共性技术首席科学家，打造“金字塔形团队”，打通高端人才引进、培养、职业发展通道，营造企业科研人员专职从事科研攻关的良好环境。

附表　调研的十家转制院所列表

序号	名称	转制性质	所属领域	地域
1	矿冶科技集团有限公司	国务院国资委直管	矿业	北京
2	中国建筑科学研究院	国务院国资委直管	建筑	北京
3	有研科技集团有限公司	国务院国资委直管	有色	北京
4	中国钢研科技集团有限公司	国务院国资委直管	钢铁	北京
5	中国信息通信科技集团有限公司	国务院国资委直管	信息	武汉
6	中国重型机械研究院	央企子企业	机械	北京
7	中国建筑材料科学研究总院	央企子企业	材料	北京
8	中冶赛迪集团有限公司	央企子企业	冶金	重庆
9	长沙矿山研究院有限责任公司	央企子企业	矿山	长沙
10	西北有色金属研究院	地方企业	材料	西安

关于“双碳”战略目标下
中央能源企业绿色低碳转型的思考与建议

习近平总书记在2021年中央经济工作会议上强调，**绿色低碳发展是经济社会发展全面转型的复杂工程和长期任务。要正确认识和把握碳达峰碳中和**。中共中央、国务院《关于完整准确全面贯彻新发展理念 做好碳达峰碳中和工作的意见》指出要**以能源绿色低碳发展为关键，加快形成节约资源和保护环境的产业结构、生产方式**。中央能源企业在我国能源行业中占据重要地位，应当把准方向、明确路径，积极稳妥有序推进绿色低碳转型，在国家推进碳达峰碳中和进程中发挥示范引领作用。

一、推进碳达峰碳中和需要正确认识和把握几个问题

（一）牢牢把握煤炭主体能源地位

习近平总书记指出，以煤为主是我们的基本国情。目前我国煤炭消费占一次能源消费的57%，煤炭发电量约占总发电量的60%，对我国经济安全发展至关重要，实现碳达峰碳中和必须立足这个实际。我国权威机构预测，伴随现代能源体系的加快构建，以及煤炭清洁高效

利用水平的显著提升，“十四五”期间煤炭消费仍将处于高位平台期，到 2030 年煤炭消费占比将缓慢下降，保持在 46% 左右。未来较长一段时间，**煤炭作为主体能源的地位不会改变，煤炭在能源供给中的安全兜底作用不会改变，煤炭行业在国民经济运行中的重要支撑价值不会改变**。中央能源企业要保持战略定力，清醒认识和把握煤炭的主体能源地位，扎扎实实做好当下的事，充分发挥好能源供应稳定器和压舱石作用。

（二）辩证把握能源保供与绿色转型的关系

习近平总书记强调，如果传统能源逐步退出不是建立在新能源安全可靠的替代基础上，就会对经济发展和社会稳定造成冲击。我国能源体系高度依赖煤炭等化石能源，传统能源产能结构性过剩问题仍较突出，能源清洁替代任务艰巨，必须尊重规律、实事求是，深刻认识能源保供与绿色转型相互支撑、相互促进的内在关系。**能源保供为绿色转型提供了坚实基础**，近年来出现的能源供应紧张、煤价剧烈波动、多地错峰用电，再次表明能源安全是前提，只有做好煤炭兜底保供，发挥好煤电在构建新型电力系统中的基础保障性和系统调节性作用，始终牢牢守住能源安全稳定供应的底线，才能有效解决新能源间歇性、波动性问题，推动能源转型平稳过渡。**绿色转型为能源安全提供了重要契机**，在实现“双碳”目标的过程中，能源结构的调整、产业布局的优化、化石能源和新能源的协同耦合、能源利用效率的提升、绿色低碳技术的研发推广、碳市场体系的构建、生态碳汇能力的提高等，都将进一步提升能源安全供给能力，推动能源工业和能源企业高质量发展。中央能源企业要对标碳达峰碳中和目标，**正确处理好发展和减排、整体和局部、短期和中长期的关系**，先立后破、通盘谋划，在能源行业绿色低碳转型中发挥表率作用。

（三）大规模发展清洁可再生能源势在必行

国务院《2030 年前碳达峰行动方案》将“能源绿色低碳转型行

动”放在“碳达峰十大行动”首位，要求全面推进风电、光伏等清洁可再生能源大规模开发和高质量发展。近年来，我国能源低碳清洁化进程不断加快，水电、风电、光伏、在建核电装机规模等多项指标保持世界第一，但要**实现新能源安全可靠替代传统能源，规模上还不够，截至 2021 年底我国风电、光伏总装机 6.3 亿千瓦，目标是在 2030 年达到 12 亿千瓦以上，这意味着未来十年风电、光伏至少还需要 6 亿千瓦的增长**。

（四）科技创新是关键

习近平总书记 2021 年 9 月视察国家能源集团榆林化工公司时强调，要把加强科技创新作为最紧迫任务，加快关键核心技术攻关。无论是实现传统能源的低碳化、清洁化、高效化利用，还是实现绿色能源的规模化利用，都要依靠科技的发展与进步。当前，国际能源科技创新进入活跃期，新的能源技术加速迭代，驱动全球能源加速向绿色低碳智能方向转型。经过几十年的发展，我国科技创新成果显著，一大批能源新技术、新模式、新业态蓬勃兴起，重大能源工程科技位居世界前列，但一些关键核心技术受制于人的局面尚未根本改变，在**可控核聚变、新一代太阳能利用、大规模储能、氢能与燃料电池、能源互联网等前沿领域，尚未形成根本性突破，引领未来发展的颠覆性革命性科技储备还不够**。要充分发挥中央企业创新主体作用，加强绿色低碳技术布局与攻关，**适时组建若干中央企业能源技术创新联合体**，打造绿色低碳科技创新平台，强化绿色低碳技术成果应用，提升高质量绿色产品服务供给能力。

二、有关建议

碳达峰碳中和工作领导小组第一次全体会议强调，“要发挥好国有企业特别是中央企业的作用”。结合中央能源企业实际，建议推动实施中央能源企业**绿色低碳转型“六大工程”**，加快构建清洁低碳安全高效能源体系，为国家实现“双碳”目标作出贡献。

（一）化石能源清洁化工程

以供给侧结构性改革为主线，推进煤炭、煤电、煤化工高质量发展，更好发挥煤炭主体能源作用，统筹做好高质量保供和高效能减排工作。**大力推进煤炭绿色开采。**不断释放优质产能、储备接替产能、改造低效产能、退出无效产能，持续优化产业结构。实施煤炭全过程生态绿色开发，建立煤炭开采与生态治理同步的“重整、再造、提升”管理新机制，推广应用清洁开采技术及低碳装备，大力开展国家级绿色矿山建设。**大力优化煤电结构和产能布局。**强化煤电支撑保障，准确把握发展定位，推动煤电向基础保障性和系统调节性电源并重转型。加快大型综合外送电基地规划建设，合理布局安全保供、应急备用等煤电项目，深入推进“火电＋”综合能源产业发展。有序推进存量煤电机组节能、供热、灵活性改造。**大力推进煤化工高端化、多元化、低碳化。**按照“煤炭—化工—新材料—新能源”一体化布局，科学制定专项规划，建设榆林化工国家级创新示范园区及新疆、内蒙古、宁夏煤化工国家创新基地。落实国家能耗双控要求，积极开展节能降碳增效行动，提高煤化工产业安全稳定清洁运行水平。积极发展煤基特种燃料、煤基生物可降解塑料和高端碳素材料等高附加值新产品，推动化石能源从燃料向原料、再向材料领域转化。

（二）清洁能源规模化工程

持续提升清洁能源装机占比，优化能源供给结构，主动适应和融入以新能源为主体的新型电力系统建设。**加快新能源发展。**坚持陆上与海上、集中式与分布式并举，项目开发与投资收购并重，主动融入地方“十四五”能源发展规划，健全机制、多措并举，促进清洁可再生能源稳中求进、创新突破。**加强“多能互补”项目和复合式项目开**

发。实施“多能互补”和“源网荷储一体化”发展模式，加快推动西北“风光火储”、西南“风光水储”一体化基地项目建设。在东中部地区推动“风光气氢储”协调发展，稳妥有序开发海上风电。开发采煤沉陷区、复垦治理区、厂矿站段空置区的分布式光伏、分散式风电，积极推进整县屋顶光伏开发，探索物流园区、商业屋顶光伏。**有序发展水电核电**。优化水电中长期开发计划，打造流域梯级开发的典范，加快大渡河、金沙江等流域大型水电项目建设，积极推动抽水蓄能电站项目建设。提升核电产业综合配套能力，关注新型核电建设模式与海岛离岛用电的融合发展。

（三）能源科技自立自强工程

始终把创新摆在发展的核心位置，持续加大研发投入，打造能源原创技术策源地和现代产业链链长。**引领能源科技创新方向**。完善科技创新体制机制，加强先进前沿零碳低碳负碳技术研发，围绕碳捕集利用与封存（CCUS）、氢能、氨能、储能等领域打造一批原创技术策源地，围绕煤炭绿色生态开发、海上风电、煤制油化工等领域打造现代产业链链长。**培育氢能储能等战略性新兴产业**。加强氢能技术研发和产业布局，探索“绿电、绿氢、绿氧”与煤化工耦合，推进“风光储氢”综合能源项目。构建多元储能产业体系，积极布局“新能源＋储能”和用户侧储能。**加强低碳零碳能源综合园区示范**。积极探索零碳矿区、零碳电力、零碳运输、零碳化工建设新途径，打造多能融合、技术可靠、环境友好的能源产业低碳发展新生态。

（四）能源产业智能化工程

建设绿色能源体系，加快新兴技术与绿色能源技术深度融合。**推进能源生产基础设施数字化建设**。加快能源产业数字化转型，推动构建能源产业生产运营协同调度信息化系统。加快智能矿山、智能电厂、智能铁路、智能运输、智能化工等示范试点项目，积极占领“智慧＋能源”生产的技术制高点。**规划建设智慧能源综合平台。**推动智能发电和综合智慧能源建设，加强配电网、加氢站、光伏建筑、分布式能源系统等新技术、新产业培育和建设，打造一批新型智慧能源供应基础设施。

（五）生态碳汇工程

实现“双碳”目标，除了要减少二氧化碳的排放，还有一个重要方面是增加森林、草原、湿地、海洋等多个生态系统对大气中二氧化碳的吸收，也就是生态碳汇。要积极参与国土绿化行动，努力增加生态系统碳汇，多维度、多渠道、多方式推进碳中和。**完善碳资产经营管理体系。**开展覆盖全产业链的碳排放盘查，实施大数据碳账本管理。整合优化碳资产专业化队伍，形成多层立体管理架构。**探索碳金融产品和业务创新。**积极参与全国碳市场经营和专业管理、咨询服务，盘活碳资产，利用好新能源产业基金、“碳中和”债券等绿色金融手段。**研究多元化生态碳汇路径。**共抓长江、黄河流域生态保护，加大生态林建设力度，积极拓展草原、湿地、泥炭地等生态碳汇路径。探索沙漠荒滩光伏产业与治沙、固碳协同发展，拓展生态碳汇可持续发展模式。

（六）能源国际合作共建共享工程

有效统筹国内国际能源资源，主动融入国家“双循环”新发展格局。**加强新能源产业海外布局。**依托中央能源企业综合优势，重点围绕“一带一路”共建国家，以点带面、点面结合，稳步推进新能源及多能互补综合能源项目海外布局。落实中俄、中蒙能源资源合作项目，有序扩大进口煤贸易，积极服务我国构建新发展格局。**增强能源国际交流合作。**持续加大先进低碳技术、现代煤化工等领域对外科技合作力度。瞄准国际先进水平，以中外合作投资的能源项目为媒介，加强与国际优秀大型能源企业清洁能源合作，积极探索共同开发海外第三方新能源市场，打造新能源产业的“领跑者”。

借鉴发达国家经验
促进国有企业更有效承载国家战略

近年来，随着我国综合国力持续增强、国际地位和国际影响力不断提升、国有企业逐渐发展壮大，以美国为首的西方发达国家在各种谈判对话平台质疑我国有企业独立市场主体地位，指责我国有企业在全球市场开展不公平竞争，是执行国家战略的工具。**事实上，从历史和现实的维度分析，发达国家也存在一定数量、规模的国有企业（指国家持股比例在50%以上的企业）或通过各种形式进行国家控制的企业（指虽然国家持股比例在50%以下甚至国家并不持股但通过制定研发方向、签订政府采购合同等方式进行控制的企业）**。这两种企业在国家战略落实中发挥了举足轻重的作用，其承载的国家战略主要包括公共服务提升、能源资源、国防军事、全球资源整合与利用、产业结构升级、工业促进、科技创新研发、产业组织优化等八类。**发达国家政府主要通过制定专门法律、监督考核、政府采购、充分发挥“中介层”作用、监管豁免、给予技术信息和人才支持等措施，引导企业有效落实国家战略**。在百年变局加速演进、国际环境不确定性因素增强的背景下，我国宜总结借鉴发达国家经验，更好地发挥国有企业及其他企业在落实国家战略中的作用，促进高质量发展。

一、西方发达国家注重引导企业参与的八大战略

在发达国家，承载国家战略的企业既包括国有企业，也包括国家控制企业，其承载的国家战略主要包括以下八种：

一是公共服务提升战略。公共服务及基础设施领域存在潜在的市场失灵，不完全具备民营化条件，因此多由国有企业承担相应职能。以**法国电力公司**为例，政府与其签订公共服务合同，促其履行保持电价低廉和稳定、保障电力供应和发电设施安全、提供普遍服务等公共服务的要求。

二是能源资源战略。出于国家利益考虑，政府需要企业通过海外投资以获取海外资源，同时控制国内重要的能源资源，防止被外国公司收购。例如，挪威有关所有权的制度中明确表示国有企业的作用之一是确保国家对重要的自然资源能源等领域的掌控。另外，为应对气候变化问题，各国积极发展绿色、低碳、清洁、可持续的新能源，国有企业在其中发挥重要作用。德国政府于 2020 年 6 月发布国家氢能战略，其国有银行**德国复兴信贷银行（KFW）**代表德国联邦政府与绿色氢潜力巨大的西非国家摩洛哥和突尼斯缔结氢能联盟，目前正在研究建设摩洛哥绿色氢工业生产参考工厂。

三是国防军事战略。除经济考虑外，国家的期望也可能包含外交关系、意识形态、地缘政治、国防安全等多方面的考虑，这些战略也需要企业来具体承担和实施。例如，法国为摆脱在防务方面对美过度依赖、保持在军备领域的优势，联合德国共同组建 **KNDS 集团**，作为欧洲最重要的军事陆地系统供应商向世界各地军队（以欧洲国家为主）提供军事陆地系统，打破美国通用动力公司和英国 BAE 系统公司在欧洲陆地防御市场上的主导地位。

四是全球资源整合与利用战略。由于资源、商品、货物和劳务在全球范围内配置和交换，基于全球地理空间整合资源有利于打破要素

禀赋差异所形成的比较优势。日本政府十分重视全球资源的整合利用，依托大型国有商业银行为跨国企业提供支持。如**日本国际协力银行**为日本企业提供中长期出口信贷，为投资于发展中国家基础设施、农林业和矿产业的企业提供优惠贷款，为海外日本企业提供发行债券担保、货币掉期交易担保，为他国出口信贷机构的担保提供再担保。

五是产业结构升级战略。政府提出产业结构长期规划、选择与培育主导产业、保护幼稚产业，从而促进主导产业振兴和产业结构优化升级。**日本电报电话公司**长期布局6G技术研发，在日本政府发布6G技术综合战略计划纲要和路线图后，日本电报电话公司加入"超越5G促进联盟"，东京大学、KDDI、软银公司、乐天移动均是联盟成员。作为日本最大的电信运营商，日本电报电话公司的采购系统对整个电信行业起到了重要的乘数效应。

六是工业促进战略。国际金融危机发生后，发达国家纷纷实施"再工业化"战略，重塑制造业竞争新优势。德国是明确工业促进战略的代表国家，提出了"官产学研"及社会组织通力合作的"工业4.0"战略。德国工业和信息产业领先企业积极倡导和实践，**博世集团、西门子、宝马集团、德国电信和德国邮政**等知名企业均参与其中。宝马集团将数字化和创新技术贯穿整个生产价值链；西门子打造出号称"未来工厂"的安贝格电子制造工厂，生产设备和电脑可自主处理75%的工序，全球暂无任何一家同类工厂可以匹敌。

七是科技创新研发战略。科技创新研发同样离不开企业的积极参与。例如，美国联邦政府高度重视半导体技术发展，对半导体技术研发及产品改善进行了大规模投资。**英特尔公司**作为半导体行业的全球领先厂商，积极支持美国半导体的创新研发，制定旨在加强美国国内半导体供应链的RAMP－C计划，并与美国国防部达成协议，向美国国防部提供晶圆代工服务，旨在满足美国国防部所需要的半导体电路及晶圆需求。

八是产业组织优化战略。该战略强调大、中、小企业之间的良好共存和分工协作，尤其是中小企业对于提升资源禀赋结构和技术水平、提高产业和企业的组织水平的重要作用。**美国的硅谷集群**是最具代表性的中小 IT 企业集群，集群中的企业间既合作又竞争，使硅谷始终保持自主创新能力，并最终在全球的竞争中获得优势。

二、发达国家对企业承载国家战略采取的引导和支持措施

一是"一企一法"明确国家战略承载事项。发达国家针对国有企业进行专门立法的措施更加常见。**一些国家通过制定特别法律对国有股东进行授权，**如新西兰、日本、波兰等。**另一些国家针对部分特殊类型的国有企业制定专门的法律，明确其承载的国家战略任务和监管事项，**如美国联邦政府公司、日本特殊法人企业、匈牙利金融机构等均受特别法规范。日本邮政控股公司是典型的特殊法人企业，其依据《邮政公司法》、邮政民营化相关法案等特别法设立和经营，上述法律明确规定日本邮政控股公司履行邮政普遍服务的责任和义务，并受总务省监管。

二是监督考核企业表现。监督考核方式一般有三种。**第一，强化审计，**如法国审计院必须对国家持股 50% 以上的国有企业分类、分年度进行审计，也可选择性对有较大影响的国家参股企业进行审计。**第二，进行绩效考核，**如美国根据《政府绩效与结果法》（1993）对联邦政府公司进行绩效考核，考核指标同时包含经济指标和公共政策指标。**第三，加强财务控制，**如美国政府在预算管理、财政补贴的拨付和使用、融资等方面对联邦政府公司均有明确的控制或限制要求。

三是基于业务合作关系引导和支持企业。政府可基于业务合作关系，在政府采购过程中通过合同管理对企业形成引导，如激励技术创新、调动中小型企业等，并通过高价采购、支付预付款、建立专门的政府采购渠道等方式为企业落实国家战略提供支持。以美国为例，疫

情期间，美国政府通过政府采购合同引导医药企业进行疫苗研发；美国国家安全局为扩大与中小型企业的合作，设立了小型企业拨款项目、创新使命能力项目等军民融合项目，通过建立合同关系完成项目合作、资金赞助和经费划拨等。

四是借助“中介层”将中小企业纳入战略体系。“中介层”主要指由政府设立用以密切对接政府技术需求与企业技术供应的中间机构。美国 In－Q－Tel 公司（美国中情局资助的金融投资机构）、美国国防高级研究计划局（美国军方下属的科研机构）均为典型的“中介层”，它们都发挥着提高中小企业研发技术与政府需求匹配度的作用。

五是给予监管、技术、信息、人才等方面的支持。除常见的资金支持和税收优惠外，发达国家通常还会为企业承载国家战略提供支持措施。**第一，监管豁免，**包括获得证照的程序更加简化、资源开采的特别权利、信息披露的豁免权等。**第二，信息数据共享，**如美国联邦资助的研究与开发中心通常有权访问其私营竞争对手访问不到的政府信息、计划和数据。**第三，信息咨询，**如日本为促进本国企业海外投资活动，构筑了由政府和民间、专业团体与综合团体组成的信息收集、研究、咨询网络。**第四，旋转门**（指政府和企业之间人员相互流动的现象），如通用电气公司为美国司法部检察官提供合规部的管理职位。

三、相关建议

总体看，**发达国家国有企业承载国家战略是一种普遍现象，只是由于经济制度、发展阶段、社会文化等因素，发达国家更注重通过政府采购、授予特许经营权等非股权控制方式引导非国有企业承载国家战略。**为促进我国企业更有效承载国家战略，在总结发达国家经验基础上，提出以下建议：

一是引进两种机制。建立**“中介层”机制**，在公共管理部门设立专门机构或培育专门的咨询机构，搭建政府技术需求与企业创新之间的桥梁。“中介层”紧密对接政府技术需求与目标，通过金融投资、项目资助、技术支持、政府采购等方式，引导掌握相应前沿技术的企业在国家战略任务框架下竞争协作。公共管理部门与国资监管机构密切协同，鼓励国有企业与民营企业建立国家战略承载**“联盟机制”**，充分发挥各种所有制企业的力量，借助伙伴网络关系在更广泛的范围内迅速获取和共享资源，各方在资源能力和技术能力上优势互补，共同服务于国家目标。

二是处理好三对关系。首先处理好“任务与产出”的关系，在承载主体选择、目标任务授予、产出考核和人员激励等方面建立规范的运作体系，提高企业承载国家战略的有效性和积极性。**其次处理好“战略承载与商业活动”的关系，**对企业承载的国家战略和商业业务进行独立核算，避免两者财务核算边界的模糊影响国家战略实施的有效性和市场竞争的公平性。**最后处理好“中国特色与国际惯例”的关系，**对国有企业的监管和治理采取更灵活的方式，在国际规则和中国特色之间找到最大公约数。

三是做好三项工作。首先要进一步做好国有企业分类改革。进一步完善基于业务层面的分类设计和分类治理机制，建立一套有效支撑国家战略承载、管理及考核的基础体系。**其次要建立规范的补偿机制和激励机制。**建立科学合理、公开透明的国家战略承载补偿和激励机制，按照市场经济规则和有关国际惯例，梳理和规范各类支持措施，制定面向所有承载国家战略企业的激励措施，不因所有制实行差异化补偿和激励。**最后要重视法律工具。**一方面，借鉴美国联邦政府公司、日本特殊法人企业的立法经验，针对承载事关重要民生、国防安全、国民经济命脉等方面国家战略的国有企业进行专门立法，使其成为国有企业承载国家战略的法律依据；另一方面，及时将政策文件转换为法律文件，增强企业行为的合法性。

疫情冲击下部分行业国际标杆企业在高管薪酬管理方面的应对之策

新冠疫情持续冲击全球经济，对各行业产生不同方向的深刻影响，其中**航空、石油石化、生物医药、汽车与零部件、航天与防务**等行业环境变化尤为剧烈，标杆企业纷纷调整了高管薪酬体系，引导企业积极应对疫情冲击。研究选取了波音公司、埃克森美孚、辉瑞制药等19家全球行业标杆企业（名单见附表），分析其在**调整高管薪酬策略、调整考核指标体系**两方面的做法，为国有企业应对疫情冲击、持续完善市场化的高管薪酬管理机制提供借鉴。

一、调整高管薪酬策略

国际标杆企业基于疫情对行业的不同影响，结合自身发展战略和财务状况，差异化调整高管薪酬的**薪酬水平、薪酬结构、支付形式、支付周期、支付条件**，实现与优秀人才长期绑定，确保企业的持续平稳发展。

策略1：航空、石油能源等行业由于市场需求萎缩，业绩明显下滑，往往通过压减或推迟高管固定工资支出等临时性举措，减轻企业短期现金流负担。

2020年4月是全球疫情暴发高峰期，受疫情负面影响的国际标杆企业均对高管的固定工资支出进行了一定程度数额压减。**航空行业中，达美航空**CEO停止领取固定工资，其他高管基本工资降低50%；**美国西南航空**所有高管均降低20%的固定工资；**美国航空**连续3个月总裁固定工资减少55%，其他高管基本工资减少25%。**石油石化行业中，康菲石油**所有高管基本工资均降低5%；**美国西方石油**撤回了之前已经通过的高管整体涨薪方案，并将高管可领取的固定工资上限由50万美金降至25万美金。一般而言，各企业的压减或推迟时限往往在3个月至9个月之间，基本不会超过一年，仅作为企业在陷入现金流困境时的阶段性措施。同时美国企业高管基本工资占薪酬总包的比例多数低于10%，该策略的实施更多是激发高管在疫情下完成绩效，并不会严重挫伤其积极性。

策略2：制药行业紧抓发展契机，以抗疫药物、检测器具为切入点，业绩普遍有所增长，并通过提升基本工资及短期现金激励的方式强化即时激励。

疫情期间医药行业业绩大幅增长，标杆企业同步提升了高管薪酬。**默沙东**连续两年提升公司CEO的基本工资，并计划在2022年将CEO的年度现金激励额度提升45%。**艾伯维**拉高激励额度，将CEO现金激励标准值由2019年不足基本工资的150%提升至175%。**辉瑞制药**连续提高年度奖金上限，高管个人可获得的最高年度奖金数额上限由标准值的200%提升至250%。总体来看，医药行业普遍提高了弹性工资的浮动上限，激励高管抢抓行业机遇，加快扩张步伐。

策略3：部分标杆企业调整期限结构，限制短期激励薪酬，提高长期激励占比，以淡化短期目标影响，加深高管与企业之间的长期绑定。

在业绩承压的情况下，部分标杆企业调整短期激励与长期激励的组合结构，在淡化短期目标影响的同时，引导高管关注企业的长期发展。**美国西方石油**将2020年高管的短期激励兑现标准值降低为上一年度的 50%；**斯特兰蒂斯集团**将 CEO 的年度现金激励兑现范围由基本工资的 0～300% 调整为 0～150%，CFO 的年度现金激励兑现范围由 0～150% 调整为 0～80%；**埃克森美孚**将高管薪酬包内中长期激励的部分占比由 2019 年的 50% 提升至 2020 年、2021 年的 70%；**福特汽车**则将 2021 年度的高管长期股权激励总价值提升了 10%，用以表彰高管在疫情期间稳定供应链、把控生产管理、降低整体成本所做的努力与贡献。

策略 4：部分标杆企业调整激励的支付形式、支付周期、支付条件，过滤疫情的异常波动因素，确保激励策略的经济性和有效性。

支付形式方面：疫情期间部分标杆企业股票价格出现剧烈波动，倾向于采用“定量、定额”的支付方式，减少股权计划在激励成本和支付价值等方面的不确定性。**达美航空**改以现金而非等额股票的形式向高管支付激励薪酬，以确保企业不会因为相对低位的股价而付出额外的激励成本。**马拉松原油** 2021 年开始停止应用股票期权，改以股份为单位计算的普通股（之前以美元为单位计算）的激励形式推进与高管的持续绑定，同样也是考虑到股价的不确定性。

支付周期方面：达美航空缩短激励周期，提高兑现频率，更加灵敏地跟踪经营业绩变化。首先将短期激励计划拆分为上下两个半年的绩效期，分别兑现激励，更准确地描绘企业全年表现；其次将绩效股权激励工具的三年绩效周期拆分为 2021 年一年以及 2022—2023 年两年两个计算周期，更加细致地区分不同疫情阶段高管绩效表现；最后将限制性股权激励工具的三年归属时间表由 50%、25%、25% 调整为 33%、33%、33%，提高远期的绩效比重。

支付条件方面：美国西南航空在正常业绩标准不降低的基础上，下调了激励兑现的下限和上限标准（见表 1），在保障股东对经营业绩硬性要求基础上，激发高管在疫情不利影响下达成指标、冲击优秀的动力，发挥激励效果。

表 1　美国西南航空股权激励业绩标准调整

限制性股票额度	2019 年兑现标准	2020 年、2021 年兑现标准
0	资本回报率小于 8%	资本回报率小于 7%
100%	资本回报率小于 10%	
150%	资本回报率小于 12%	
175%	资本回报率小于 14%	资本回报率小于 13%
200%	资本回报率大于等于 15%	资本回报率大于等于 14%

二、调整考核指标体系

国际标杆企业综合疫情实际和自身发展战略需要，差异化调整考核指标体系的**指标水平、指标类型、指标评价方式**，增强指标的实际激励效果，同时能够体现疫情期间特殊的目标导向。

策略 5：大部分标杆企业均在疫情期间下调或移除了部分财务类业绩指标，目的是确保指标契合实际经营情况，更好地发挥引导激励作用。

本次研究选取的 19 家国际标杆企业中，**近 3/4 的企业在疫情期间对财务类业绩指标进行了下调**，原因是企业认为之前制定的财务指标由于疫情冲击难以达成，无法发挥对高管的激励效果。**达美航空**将与短期激励挂钩的财务绩效指标由 3 个减少为 2 个，同时考虑到疫情恢复的不确定性，将剩余的指标由确定数值调整为目标范围；**康菲石油**考虑到市场需求的下降，移除了产量、年复合增长率等财务指标，补充了成本缩减类指标，支撑企业生产降本增效；**斯特兰蒂斯集团**将财务指标的设定标准由绝对数值调整为相对同行竞争对手的比较值，来确认企业在行业内中的领先地位。

策略 6：一些标杆企业在高管考核指标体系中增加了非财务类指标比重，引导企业聚焦发展战略，实现疫情下的安全稳定、可持续发展。

补充的非财务指标类型主要有两类：

第一类非财务指标关注战略任务的实现。美国西南航空在指标体系中新增多项关于运营和客户体验的绩效指标，包括准点率、客户推荐率、成本控制率等，强调以服务和体验为主要追求。**辉瑞制药**持续增加研发成果在绩效指标中的占比，进一步突出作为医药企业对研发的关注度，夯实核心竞争力。**康菲石油**考虑整体转型的需求，以战略性资产处置情况替代了已动用资本报酬率（ROCE）等资本回报类指标，驱动高管持续推进战略目标。**波音公司**则是将波音系产品的性能指标作为高管短期绩效指标体系的重要部分，占比达到50%。

第二类非财务指标强调疫情下的安全稳定发展。美国西南航空认为业绩持续承压之下，核心人才流失的问题愈发凸显，必须将优秀人才的保留率纳入高管考核体系中，解决企业持续发展的后顾之忧。**美国西方石油、通用汽车、洛克希德·马丁**等企业则认为恶劣的外部环境下现金流是企业生命线，相继在指标体系中新增或放大了自由现金流等指标比重。**福特汽车**作为制造型企业，则是在考核指标中强调了安全复工复产以及供应链的稳定运行，引导高管推出一系列举措保障员工以及供应商工作的正常开展。

策略7：一些标杆企业将指标评价方式由绝对比较向相对比较转变，突出在疫情下的同行业竞争表现。

雪佛龙在2021年将已动用资本报酬率（ROCE）、股东总回报（TSR）等指标的相对比较加入中长期绩效股权激励项目，更系统立体地观察企业在市场认可以及投资收益方面的竞争表现。**通用汽车**在2019—2021年期间持续提升了相对TSR在指标体系中的占比，提升幅度达到50%；**康菲石油**从2020年开始将相对TSR在中长期指标体系中的比重由50%提升至60%，进一步重视企业相较于竞争对手的整体表现。

三、对国有企业高管薪酬管理有关启示

一是加强与国际标杆企业高管薪酬管理方法对标。国际标杆企业

普遍将高管薪酬管理体系作为引导市场竞争、落实企业战略的核心传导媒介，当前国有企业在重视程度、理论方法先进性、策略丰富度等方面仍存在较大差距，需要强化对标，加强与国际标杆企业水平比较、结构比较、方法比较，建立现代化的高管薪酬管理理念，支撑加快建设世界一流企业。

二是强化灵活应对外部环境变化的系统性高管薪酬管理体系设计。建立健全监管机构与国有企业业绩沟通相关平台及工作机制，对于持续时间长、影响较大的外部冲击，可根据行业情况灵活调整业绩类指标，增加体现国有企业政治功能、社会功能的非财务指标比重，引导国有企业在承压之下更加关注内部管理、维护产业链供应链安全稳定等差异化目标，发挥国有经济稳定器、压舱石作用。

三是丰富结构性要素在国有企业高管薪酬设计中的应用。加快提高国有企业中长期激励的覆盖面、灵活性和匹配度，同步发展股权和非股权的中长期激励工具，鼓励企业在支付期限、支付形式、支付标准等结构性设计方面积极创新，形成一批系统性激励样板。

附表　标杆企业样本清单

序号	企业	行业	2022 年榜单位置
1	达美航空	航空	世界 500 强 – 478 位
2	美国航空		世界 500 强 – 479 位
3	美国西南航空		美国 500 强 – 234 位
4	埃克森美孚	炼油	世界 500 强 – 12 位
5	雪佛龙		世界 500 强 – 37 位
6	马拉松原油		世界 500 强 – 49 位
7	菲利普斯 66		世界 500 强 – 74 位
8	康菲石油	采矿、原油生产	世界 500 强 – 284 位
9	美国西方石油		美国 500 强 – 135 位
10	辉瑞制药	生物医药	世界 500 强 – 137 位
11	艾伯维		世界 500 强 – 227 位
12	默沙东		世界 500 强 – 262 位

续表

序号	企业	行业	2022 年榜单位置
13	斯特兰蒂斯集团	汽车与零部件	世界 500 强 －29 位
14	福特汽车		世界 500 强 －53 位
15	通用汽车		世界 500 强 －64 位
16	特斯拉		世界 500 强 －242 位
17	洛克希德·马丁	航天与防务	世界 500 强 －185 位
18	雷神技术公司		世界 500 强 －197 位
19	波音公司		世界 500 强 －204 位

央企 A 股上市公司与世界一流企业董事会建设比较研究

优化董事会建设是推动完善中国特色现代企业制度、加快建设世界一流企业、实现公司治理现代化的有效手段。央企 A 股上市公司（以下简称“央企上市公司”）作为国有企业的“优等生”，有条件也更有责任在优化董事会建设方面走在前、做表率。我们对 319 家央企上市公司董事会建设情况进行了研究，并通过与世界一流企业开展比较，为央企上市公司优化董事会建设提供借鉴启示。

一、央企上市公司在董事会建设方面的实践

央企上市公司稳步推进董事会建设，董事会“定战略、作决策、防风险”作用得到进一步发挥，但在实践层面与世界一流企业存在一定差异。

（一）董事会规模方面

央企上市公司董事会总体规模为 5 ~ 17 人，接近半数为 9 人建制（见表 1）。**世界一流企业董事会规模受到其所在国家法律规范影响，大陆法系的德国模式中，董事会规模明显大于海洋法系的英美企业。**世

界500强中的德国企业博世集团和西门子等董事会规模均超过20人，英美企业谷歌、通用电气公司、英国石油等董事会规模均为11人。

表1 央企上市公司董事会规模

董事会规模	最小值	10分位	25分位	50分位	平均值	75分位	90分位	最大值
人　数（人）	5	7	8	9	9.05	9	11	17
户　数（户）	3	46	37	145			37	2

（二）外部董事设置方面

央企上市公司外部董事半数以上来自股东方，独立董事不到外部董事的一半；外部董事、独立董事人数平均占董事会总人数的82.5%和38.1%。**世界一流企业的外部董事总体上由独立董事构成（非来自股东方的董事）**。如IBM、苹果、三菱的外部董事全部为独立董事，分别为13人、6人和5人，占董事会总人数比例分别为92.9%、85.7%和38.5%。

（三）执行董事设置方面

央企上市公司核心治理主体（董事会和经理层）平均配置13人；董事会和经理层有重叠但重叠度不高，董事会平均规模为9人，其中同时在经理层有任职的执行董事2人。实践中，董事会成员与经理层成员重叠度因治理模式不同而有所差异，**多数世界一流企业都会遵循两个治理主体成员尽量少交叉的原则，即选择低重叠度设置**。以雀巢公司为例，董事长由外部董事担任，CEO代表经理层参与董事会的决策，设置了首席独立董事作为董事长和CEO之间的纽带以促进两者间协作关系，同时明确建立了董事会与经理层之间的协同机制。

（四）董事长配置方面

央企上市公司董事长绝大多数来自控股股东，且超六成的董事长同时在股东方亦有任职。**世界一流企业在董事长配置上体现了基于两个治理主体作用协同发挥的制度性设计和系统性安排。董事长可以由**

独立董事、股东代表担任，也可由前任 CEO 担任或现任 CEO 兼任。如谷歌、苹果、英国石油、通用电气公司、三星、壳牌石油、沃尔玛董事长是独董，西门子、大众董事长是股东代表，三菱、雀巢董事长为前 CEO 兼任，IBM 为现任 CEO 兼任。301 个央企上市公司有效样本中，71.8%的企业党委书记、董事长“一肩挑”；22.3%的企业党委书记由总经理兼任，其中，有 9%的企业党委书记、董事长、总经理由同 1 人担任。

（五）专门委员会设置方面

超过 75%的央企上市公司至少设立了 4 个委员会，其中，审计、薪酬与考核、战略、提名委员会设置比例超过 90%；除四大委员会之外，超过 10%的样本企业根据治理及行业需求设置了多元化的专门委员会（见图 1）。其中，对应董事会“防风险”的核心职责，超过 30%的企业设立了独立的风险管理委员会，另有 5 家企业明确将风险管理的职责合并入审计委员会之中。世界一流企业与我国企业相同的是，对应审计、提名与治理、薪酬分配功能设立专门委员会的比例较高。

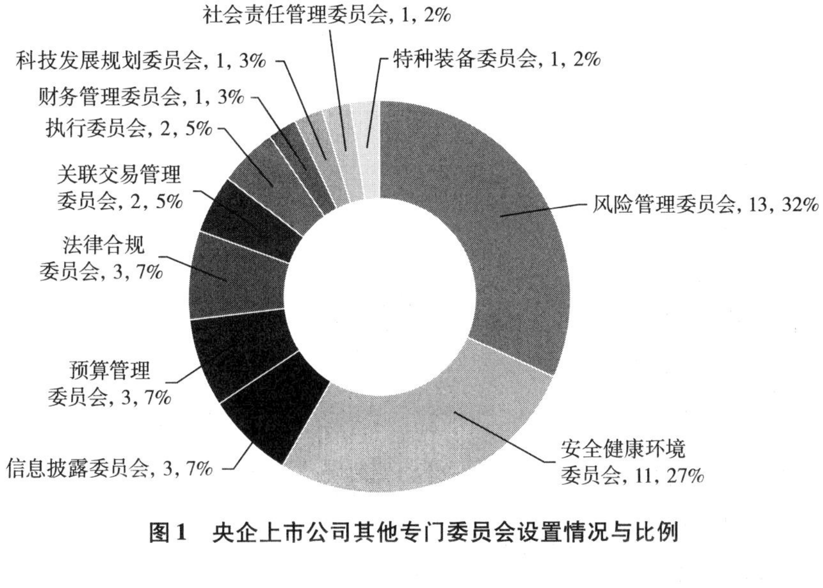

图 1　央企上市公司其他专门委员会设置情况与比例

世界一流企业与我国企业不同之处在于，多数世界一流企业战略相关议题审议一般在董事会全体会议中多次安排，绝大多数企业未单独设立战略委员会；企业治理作为一个独立功能被突出放大，一般单设或者与薪酬合并设置专门委员会；不少世界一流企业都设置执行委员会或董事长执委会来推动董事会决策的执行，同时承担相应的战略执行监督归口功能。

二、央企上市公司在推动董事多元化配置、提升董事履职能力方面的实践

公司治理主体的“软实力”主要来自董事群体的履职能力和履职行为。在董事履职能力建设中，不少企业都遇到了以下问题。

（一）董事来源渠道单一

超过70%的央企上市公司董事来自企业及其股东方，独立董事中超过70%来自高校和专业机构。其中，来源于企业内部的董事平均占比17.5%；外部董事中，超过半数来自股东方，平均占比52.7%；另有部分是退休领导人员（见表2）。与我国实践不同，**世界一流企业更注重董事同等规模或同等水平企业的经营经验，绝大多数来自高校和专业机构的外部董事，履职经历中也包括企业经营经历**，这一配置要求较为有效地保障了董事会“作决策”功能的实现。

表2　央企上市公司独立董事来源分布

类　型	高　校	专业机构	其他公司	政府机关	退　休
人数（人）	432	368	183	66	29
占比（%）	40.1	34.1	17	6.1	2.7

（二）董事专业及经验组合尚需完善

央企上市公司董事背景多元化程度有待加强，董事会成员专业背景中经营管理占59.7%、财务/会计/审计占14.1%，仅有4%的董事

有经济管理和金融投资背景（见图2）。董事会成员国际化工作经历欠缺，仅有17.6%（56家）央企上市公司拥有国际任职经历的董事，占董事会总人数平均比例为16.2%，每家企业约1人。

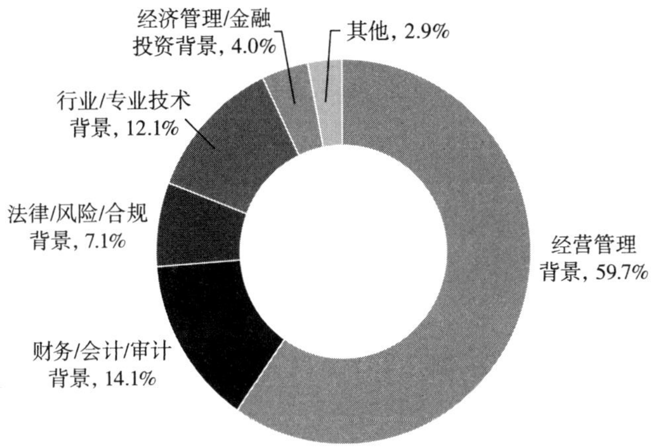

图2　央企上市公司董事专业构成

世界一流企业同样关注董事在经营和财务方面的背景，但更关注董事的国际化经营管理经验、风险管理经验及高管（董监高）任职经历。如三菱应对国际化经营的需求，设立专门国际咨询委员会，其中半数为非日籍人士，提供国际化经营咨询建议。**制度设计层面，世界一流企业更注重根据企业自身特点来选择与组合董事专业背景**。如沃尔玛的董事会成员专业背景中，除经营管理和财务外，技术与电商占45.5%，市场及品牌管理占27.3%，突出了企业拓展电商业务、打造市场品牌的战略定位。**此外，世界一流企业董事会非常注重引入外部专业机构智力服务，协助提升董事会决策质量**。

（三）董事履职时间精力保障不足

来自股东方的董事多数兼任控股企业实际职务，兼职情况在独立董事群体中尤为突出。**世界一流企业注重采取制度约束，保证董事对任职企业有足够的时间和精力投入，保障履职效果**。如壳牌石油在治理规则中对非执行董事在履职时间精力投入方面设置最低标准线，并将董事兼任职务公司数量限制为2家左右。

（四）董事长任职年限较短

央企上市公司董事长任期平均为2.92年，不足一个任期，远短于企业战略周期，只有13家企业的董事长任期超过10年（见表3）。**世界一流企业中，欧美和日本治理模式下的董事长与总经理（CEO）任期都与战略周期相接近，一般为4～5年。美国企业通过延长董事会成员任职年限，降低董事长任期较短对战略与经营决策稳定性带来的潜在影响，**如沃尔玛董事会成员任期的中位数为6.6年。

表3　央企上市公司董事长任职年限

分　位	最小值	10分位	25分位	50分位	平均值	75分位	90分位
任职年限（年）	1	1	2	2.92	3	6	25

（五）董秘履职机制有待进一步健全

央企上市公司董秘平均任期3.81年，比董事长、总经理平均任期更长，"70后"是董秘队伍主力，近60%的董秘在经理层任职副总经理兼财务总监，或兼任总法律顾问。**世界一流企业与我国企业董秘基本功能相似，不同之处在于，不少世界一流企业设置了执行委员会，**专门用于推动和强化董事会决策与经理层执行间的转化联系，部分企业还建立了协同工作机制；**不少世界一流企业突出了董秘组织、协助董事会开展自我评价的职责，**使董秘成为推动和执行董事会、董事评价的主要实施者。如英国石油董秘每年组织开展董事会自评，每3年聘请专业机构开展外部评价；丰田公司董秘除配合董事长组织董事会评价外，还对董事会履职绩效进行量化分析。

三、对标世界一流企业、优化董事会建设的借鉴启示

一是因企施策，合理确定董事会规模和结构。要立足企业实际，董事会规模设置需考虑企业股权结构、经营复杂程度、体量规模等情

况，兼顾内部机构设置等因素，避免出现董事会规模与企业实际不匹配问题。**积极将企业董事会建设与改革任务结合起来，推进董事会规模调整与结构优化、**股权调整等战略举措同步谋划，对于有进一步释放股权比例、优化股权结构、引入积极股东计划的企业，要打破传统思维，为合格的战略投资者预留董事会席位，用多元治理替代“控制”；对于创新型企业，可以根据企业发展需求，在董事会设计时预留具有战略眼光和专业素养的外部董事席位。

二是响应需求，持续完善专门委员会。央企上市公司要进一步以优化和提升董事会决策水平、完善治理能力为核心，吸收行业领先经验，开展积极探索和实践。**可考虑在创新型、科技型企业设置“科技创新委员会”，**将创新纳入企业“顶层设计”，发挥创新引领发展第一动力作用，提升国有企业创新力；**在处于转型发展时期的企业设置阶段性专业委员会，**更好服务企业阶段性战略目标和需求；**在战略重组或专业化整合企业设置整合融合委员会，**加快推进企业深度融合，达到“1+1>2”的效果；**在多元经营且行业跨度大的企业设置执行委员会，**提升决策与经营衔接效率，推动板块间协同发展；**在可持续发展关注度高的企业设置“影响力与社会责任委员会”，**推动ESG从理念向管理举措的转变。

三是优化组合，提升董事组合多元性。形成高质量董事画像，寻找符合企业需求的董事人选；借鉴世界一流企业重视“实战”经历的做法，**注重董事候选人在相似规模、价值的企业任职经历，**规避外部董事懂原理、不懂经营的现象；**将国际公司履职经历和国际化视野要求纳入董事配置考虑中，**提升公司治理水平和企业经营质量。

四是务求实效，以企业发展为目标配置董事会关键角色。做到董事长选择与任期设置相协同、任期设置与企业战略周期相匹配，适当延长任期或实行任期连任。**做好董秘核心岗位设定和人员选配，**选择具备综合知识体系、多元经验且性格外向的人才，更好发挥董秘信息披露功能，对外做好投资者关系维护和运作、向市场展示企业优秀发展能力及良好综合形象；对内有效支撑董事会科学高效运作，强化董事会决策执行，协助董事长提高公司治理水平，加速企业价值成长。

关于世界主要经济体国有经济的简析

一、主要国家国有经济发展情况与规模布局

无论是作为现代工业发源地的西方发达国家，还是具有后发优势的发展中国家，国有经济都在各国经济发展中发挥着举足轻重的作用。依据世界主要国家经济发展模式，我们将其国有经济发展模式分为五类，分别是**自由经济理论指导下的英美、秩序自由主义指导下的德法、政府指令发挥重要作用的东亚（以日韩为主，兼论新加坡）、转轨国家（以俄罗斯为主，兼论捷克等东欧国家）和民主社会主义指导下的北欧国家（以瑞典为主）**。不同国家对国有经济的界定不尽相同，但是均以国有企业为基本实体，均是由政府作为出资人占有、控股或参股的企业。美国国有企业一般称为联邦公司，德国称为公共企业，日本称为官业或者公企业，韩国称为公有企业，等等。

（一）自由经济理论指导下的英美模式

英美等国倡导经济自由竞争。二战后英美分别经历了一轮国有化进程，但在自由主义思潮的影响下，这些国有经济逐步被私有化。**美国**国有经济占比很低，国有企业仅存在于市场机制难以正常发挥功能的领域，大部分是非竞争性领域，以弥补市场失灵，实现公共政策目

标。二战期间，罗斯福政府开始通过国有企业加强对运输、航空、港口和电信等基础行业的持续投资，同时为解决退伍军人住房问题，出资建立了房利美（Fannie Mae）和房贷美（Freddie Mac），从事住房抵押贷款二级市场业务。二战后，美国对国有企业进行私有化。**20 世纪 70 年代末，美国国有经济主要集中在邮政、电话和铁路行业，这些行业的国有经济占比大约 25%**。2017 年，美国联邦政府层面约有 20 家国有企业，**主要集中在电力、邮政、铁路、住房、金融、原子能、宇航工业等新兴产业，涉及国家安全的军事部门以及投资规模庞大、建设周期长、利润水平低的基础设施和公共事业部门等**。美国政府对科研的重视及投资程度在发达资本主义国家首屈一指，**政府对科研的投入占到了社会全部科研投入的 60% 以上，在基础科研领域、科研执行单位或者政府采购部门，均有一定国有经济成分。**

英国国有企业占 GDP 比重基本维持在 1% 左右，主要布局在公共行政管理及国防、教育两个行业，2017 年分别为 7135 家和 4330 家，占该行业所有企业的 99.79% 和 8.96%。英国工党和保守党对国有企业作用价值的认识不同，由两党轮流执政而导致国有企业改革不断出现“国有化—私有化—再国有化—再私有化”的循环反复，国有经济规模也随之变化。

（二）秩序自由主义指导下的德法模式

秩序自由主义强调社会政策对于更有效率的市场经济的重要性，在秩序自由主义指导下，欧洲国有经济呈现政府、社会与企业协调发展特征。

德国国有企业设立的目的不是获得财务收益，而是由其提供比私人企业质量更高的公共产品和服务，实现政府政策意图。德国建立国有企业的前提条件是，某些公共产品和服务不能由私营企业提供或者私营企业可以提供但是质量效率不高，在这种情况下，国有企业才可以长期存在。二战后，德国为迅速恢复国民经济，在一些支撑国家经济命脉的基础行业建立了一批国有企业，**包括在构建德国主体经济框架中扮演重要角色的大众汽车、电力矿山、汉莎航空等企业，这些企业在战后恢复重建、稳定社会秩序、推进科技创新中发挥了重要作用。**在20世纪60年代前后，德国进行私有化改革，**退出“非公共任务”领域，并在一些新的“公共任务”领域进行投资，特别是在**20世纪70**年代以后，政府在新能源、环境和生态等领域都建立了新的国有企业。**截至2017年底，德国共有国有企业1.8万家，总营业额为5718亿欧元，占GDP比重为17.6%，主要集中于能源、房地产、供水、卫生、运输等行业，**在增加就业、引导产业投资、平衡社会经济关系以及促进国家宏观经济目标实现方面，发挥了重要作用。**德国金融行业以国有银行机构占主导，国有银行立足当地，担负着向德国广大的中小企业提供融资需求的公共任务，并不以盈利为目标。2000—2020年，德国私人银行资产占银行总资产的比例一直低于50%，远远低于英美水平。

法国经历三次大规模国有化浪潮。第一次是一战后，为恢复战后经济，政府将部分重要军火、铁路、航空制造、能源矿产、银行等领域的企业收归国有。第二次是二战后，政府为有效干预经济、恢复生产、解决社会问题，进行大规模国有化，截至20世纪40年代末，法国国有企业占据电力、机器制造、化工、军火、运输、邮电等部门就业人数和营业额的45%，国有银行占存款总额的59%和贷款总额的49%。第三次是1981年密特朗政府执政后，希望通过国有化重振工业、带动经济复兴，先后把两家最大的民营金融公司和36家存款10亿法郎以上的民营银行全部收归国有，把五大工业垄断集团和重要钢铁、计算机、飞机制造、军火公司收归国有，国有企业就业人数一度从160万增加到240万，占全国就业人口的11%，国有企业产值在工业总产值中占比上升到21%，增加值占GDP的13%。**三次浪潮，加快了战后法国经济的恢复发展，同时法国政府统一了全国电力、煤炭、铁路和航**

空的生产管理，在化学、海运、核能、信息、制药、石油、旅游、汽车部门建立许多大规模国有企业，这些企业在新技术研发领域发挥了核心作用，有效提高了法国国际竞争力。近年来法国国有企业总营业额占 GDP 比重稳定在 10% 左右。截至 2019 年，法国国家参股局（APE）共参股 88 家公司，投资组合的市场价值达 751 亿欧元，且行业分布较为集中，**能源类占总市值的 48.5%，航空和国防部门占比 30.4%，基础设施和航空运输占比 11.0%，电信业占比 6.6%，汽车业占比 3.3%**。

（三）政府指令发挥重要作用的东亚

日本国有企业在日本崛起中发挥巨大作用。日本政府通过直接兴办关系国计民生的企业，促进经济高速发展，**该国几乎所有近代企业都是“官业”，广泛分布在采矿、冶金、化工、机器制造等基础性产业领域**。二战后，日本亟须发展以先进技术为基础的重工业，从而实现“追赶型现代化”，但此举需要投入庞大经济资源，也需要承担巨大经济风险，单个企业难以胜任。对此，日本政府进行了直接干预，在保护和扶植战略性新兴产业、推进科技创新方面使用了包括**直接控制政策**在内的一系列产业政策，日本也因此成为拥有先进生产技术和设备的重化工业化国家。目前，日本国有经济占比较低，主要集中在医疗卫生、铁道、交通、通信、电力等公益事业和社会基础设施建设，以及部分银行业。

韩国国有企业在经济中的占比日益减少，近年来占 GDP 比重仅为 3% 左右，尽管占比很小，但**韩国国有企业在投资国民经济中风险较大的产业、引导垄断产业发展和促进社会基础设施建设方面发挥了重要作用**。目前韩国经济对私营大型企业十分依赖，2017 年仅三星一家企业销售额就达到了韩国 GDP 的 15%，前十大企业销售额占 GDP 的 41.5%，而前十大企业中仅有韩国电力公社一家国有企业。

新加坡是国有经济及国家主权基金运营成功的典范。淡马锡控股公司、新加坡政府投资公司和新加坡国家发展部控股有限公司三大国有控股公司通过各自广泛的投资渠道，形成了自己的企业网络，几乎涵盖了经济发展的所有行业，特别是在**制造业、金融、贸易、运输、城市建设、环境治理等行业发挥着重要作用，很多公司发展成为地区性甚至是全球性的大公司**。

（四）转轨国家的国有经济布局

俄罗斯国有企业经历多次改革。1991—1999 年，叶利钦政府实行“休克疗法”，国有经济主导地位逐步丧失。2000—2012 年，普京政府开始在部分关键领域和行业恢复国有经济，2004 年确定 1063 家大中型企业为国有企业，**涉及国防、石油、天然气、运输、电力、对外贸易、银行、渔业、钢铁制造业等领域，其中，国防建设占到企业数量 80% 以上**，石油能源企业再国有化也是普京政府的主要工作内容。

东欧国家国有经济主要集中在**战略性产业部门和公共服务部门**。**捷克**集中在基础设施、国防、金融、建筑等行业，**罗马尼亚**布局在银行、邮政、军工、动力、天然气开采、铁路运输等行业，**保加利亚**国有经济布局在军工、特殊化工产品及原材料、能源、铁路运输及其基础建设和使用、自由贸易区、矿藏开采和冶炼等行业。

（五）民主社会主义指导下的北欧国家

民主社会主义主张实行普遍的社会保障和社会福利制度，政府承担了大量公共物品或准公共物品供给，因此需要大规模的国有经济和国有企业，国有经济占比势必高于一般福利国家。

瑞典国有企业的改革路径从政府直接给予企业补贴转变为创造良好的外部条件以支持企业发展。20 世纪 70 年代，瑞典政府对竞争能力下降的造船、钢铁等传统优势部门给予补贴或收归国有管理。80 年代后，**政府改为创造良好外部条件，如建造先进的交通通信等基础设施、创造良好的研发条件等，让企业自由发展，而不再采取倾斜性的产业**

政策。通过这些举措，关闭了一些不符合市场竞争优势和社会发展的老旧企业，新的企业和新的有竞争力的产品也发展起来了。

二、国外国有经济发展的一些基本规律

一是国有经济在特殊时期服务国家整体战略时占比较高。从国外国有经济发展历程看，无论鼓吹自由竞争市场经济的英美，还是信奉政府主导的日韩，各国尽管普遍推崇国有经济私有化，但从来没有真正实现国有经济全盘私有化。特别是在不同发展阶段，主要经济体国家服务于特殊战略目标，不断强化对重要领域企业的管控力度、加大对高技术领域投资、接管经营困难企业，国有企业数量、政府持股比例、国有经济占比都曾处于较高水平。

二是国有经济在逆周期调节方面发挥重要作用。国外国有经济的收缩或扩张与经济发展周期密切相关。一般来说，在经济衰退和萧条阶段，国有经济扩张趋势更加显著，在繁荣和复苏阶段，政府干预经济的手段逐渐退出，市场配置资源的基础性作用逐渐恢复，国有经济规模整体呈收缩状态，国外政府运用国有经济有效发挥“有形的手”作用，进行逆周期调节。

三是国有经济行业分布相对集中。国外国有经济主要集中在私人企业不愿或不能投资的涉及公共产品服务、关系国家安全、投资风险较大、处于产业链关键薄弱环节等行业领域，在推动国民经济有序运行方面发挥重要作用。

四是对国有企业的评价以是否符合政府预期目标为标准。国外政府对国有企业的评价标准不尽相同，但主要依据都是国有企业功能作用是否与政府预期目标匹配，当国有经济和国有企业的行为表现实现了政府设立目标，就可以认为其发展质量水平较为优良。同时，评价标准也不是一成不变的，而是随着政府目标变化而变化。

五是国有经济在推动科技创新、战略性新兴产业发展方面具有重

要作用。国外政府在不同发展阶段，均将科技创新、发展战略性新兴产业作为摆脱危机、重振经济、保持经济高速发展的核心动力，在重点行业领域以国有经济为手段，推动科技创新和战略性新兴产业发展。

充分发挥中央企业科技领军企业主体作用

熊彼特创新理论指出，推动产业系统性变革的核心动力是具有强大创新能力的大型企业，大企业有更多资源、更强激励、更高风险承受能力去推动创新。最近一段时期，我国在芯片、工业软件、高端机床等领域频频被西方科技巨头“卡脖子”，大型科技领军企业的不对称使我国处于战略被动。中央企业作为落实新发展理念、实现创新驱动发展的排头兵，有责任、有条件发挥科技领军企业主体作用。

一、缺少大型科技领军企业是我国科技创新突出短板

大型科技领军企业在产业技术进步中居于核心地位。大型科技领军企业是复杂产品系统的总成企业和创新主体。美国大型科技领军企业带动形成高技术产业集群的特征突出，领军企业牵引着全产业链的技术升级和系统性变革。例如，洛克希德·马丁公司拥有超过12000家供应商组成的庞大供应链系统，其中80%都是美国本土企业，在猛禽战斗机、黑鸟侦察机等尖端军事设备研发中，大量零部件研发都是由供应商完成。**大型科技领军企业是原创技术的主要供给源。**美国不同规模、不同能力的企业之间有着差异化的创新分工，大型科技企业主要负责开展应用基础研究、原创性研究，引领产业技术发展方向，中

小科技企业更多扮演技术应用、技术扩散的角色。例如，谷歌每年邀请30位正在休假的顶尖学者到公司交流合作，从事类脑科学、算法科学等应用基础研究，资助250个未来项目，用于探索前沿技术发展方向。**大型科技领军企业是创投交易的主要参与者**。美国是全球最发达的创投交易市场，其中科技巨头公司是最主要的参与者，硅谷前十大科技巨头都设有专门的创业投资公司，2020年，硅谷90%的AI初创投资都有领先的大型科技公司参与。

我国大型科技领军企业数量较美国明显偏少。欧盟工业研发投入记分牌统计了全球研发投入最多的2500家企业，根据2021年数据，美国企业以779家位居全球第一，企业研发投入总额高达3435.6亿欧元。**中国企业上榜683家（含台湾地区企业86家），数量是美国的88%，但研发投入总额仅为美国的41%，且越到榜单头部我国上榜企业数量与美国差距越大**，在研发投入最多的100家企业中，我国企业上榜16家，不到美国（37家）的一半，进入排名前50的企业仅有华为、阿里巴巴、腾讯、中国建筑集团4家，不到美国（19家）的1/4。另外，上榜的124家德国企业的平均研发投入为7.01亿欧元，是中国企业平均研发投入的3倍。其他数据源也显示出类似现象，在2022年美国波士顿咨询公司公布的全球50强创新企业中，我国企业入围7家，同样只有美国（27家）约1/4。

中央企业发挥科技领军企业主体作用仍需强化。不管是从创新投入还是创新产出来看，中央企业已经是我国重要的创新主体，但与美科技巨头公司相比，其科技领军企业主体作用仍存在三方面差距：**一是原始创新能力不足**。大型企业的创新领域不仅决定了企业自身的长期创新能力，也影响着大型企业与中小企业的竞合关系，当前中央企业前瞻基础共性技术研究不足，导致与链内企业产生同质化创新，引领产业技术发展方向的作用并不突出。**二是创新资源聚合不足**。在内部，中央企业集团和分/子公司创新资源分散，重复投入、孤立投入的现象较为普遍。在外部，尽管中央企业牵头建设了数量众多的产业创新平台，但总体上技术供给层次不高，产业影响力不强。**三是对尖端人才的吸引力不足**。科技领军企业离不开科技领军人才，特别是需要能带团队、出概念、辟方向、创架构的战略科学家，当前中央企业这类尖端人才储备较为薄弱，对全球顶尖科技人才的吸引力明显弱于西方科技巨头，制约了科技领军企业主体作用的发挥。

二、中央企业发挥科技领军企业主体作用关键要实现“四个转变”

一是从技术应用主体向关键核心技术供给主体转变。改革开放以来，中央企业产品生产和技术创新的主要方式是技术引进和消化，经过四十多年的吸收、再创造，中央企业已经具备了很强的技术创新和供给能力，但在关键核心技术方面对外依赖仍然较为严重。强化中央企业科技领军企业主体作用首要是推动中央企业从技术应用主体向关键核心技术供给主体转变，使之成为新技术、新产品与新管理模式、新商业模式的供给主体，成为全球科技竞争中的有力竞争主体。

二是从独立创新主体向创新体系牵引主体转变。中央企业要从单个的、独立的创新主体向创新体系牵引主体转变，发挥创新带动作用，推动国家创新体系完善和整体效能提升。企业作为创新主体意味着企业在国家创新体系中发挥主导作用，尤其是在市场竞争性领域，以企业为主导组织牵引国家创新体系建设，确立企业开展科技资源配置的主动权与主导权，以企业为国家创新系统的主导组织参与全球科技竞争，打造“强企业牵引—有为政府协调”双重协调治理的国家创新系统。

三是从科技创新实施主体向国家科技战略规划主体转变。中央企业要成为国家重大科技战略需求与决策的主导实施者，通过扎实推进国家技术创新中心、国家工程中心、国家重点实验室等国家级创新平台建设，形成自主创新的核心能力和主导能力，并以此为基础牵头组建创新联合体，开展基于共同目标和资源共享、成果转化、风险共担的重大科研和关键核心技术攻关，继而形成“以牵头企业作为出题者、其他所有资源作为答卷人”的创新模式，提升国家科技战略规划体系效能。

四是从国内创新主体向国际科技竞争主体转变。实现高水平科技自立自强是今后很长一段时间科技工作的奋斗目标，这决定了要以国际科技竞争力为标准检验中央企业创新能力和创新体系建设成效。中央企业作为科技领军企业主体意味着能够研发和生产高附加值的产品和服务参与全球竞争，能够通过技术、标准和品牌等方式形成具有全球影响的产业控制力，能够掌握全球价值链中技术价值创造与分配的主导权与话语权。

三、中央企业发挥科技领军企业主体作用的三个途径

途径一：依托科技资源优势，推动中央企业加快打造原创技术策源地。

一是在成熟度较高、需要大规模团队协作与集成创新的复杂产品系统领域，进一步强化中央企业主导作用，牵头推动技术突破与赶超。复杂产品系统是工业发达国家限制技术外流的重点领域，这类产品主导技术路线往往比较明确，技术赶超的最大障碍不是广泛探索并灵活调整技术路线，而是如何为产业链上的后发创新主体创造有望形成商业正循环的规模化市场，如何激励各层次、各类型创新主体为系统级的技术突破与性能改进开展专用性投资。中央企业有条件作为总成企业或用户为复杂产品系统及相关软硬件企业创造规模化市场，通过市场机制协调产业链上下游的多层次、多类型创新主体，牵引复杂产品系统全产业链合作研发，实现技术突破与赶超。

二是强化中央企业在关键核心技术攻关中的“硬科技”突破主体

和“软制度”探索主体双重角色。中央企业在强化科技创新能力的同时，还要加快探索可复制、可推广的关键核心技术攻关体制。**首先，**以中央企业所处行业为先行示范，组织业内企业绘制产业链关键核心技术图谱、供应链图谱，摸清产业基本情况，制定关键核心技术攻关的优先级。**其次，**综合揭榜挂帅、创新联合体等多种方式，鼓励行业龙头企业、科技领军企业联合体等合力实施关键核心技术攻关。**最后，**建立与本行业关键核心技术相配套的人才库，以人才库牵引关键核心技术人才体系和人才制度的完善，夯实技术突破的人才基础。

三是强化中央企业在基础研究领域的领军作用。基础研究具有较强的投入外部性，一般企业普遍存在基础研究内在激励不足问题。一方面，要加强中央企业在基础研究平台建设中的作用，积极参与建设新型研究型大学，主导产业前沿研究院建设；另一方面，则是要在企业内部建立聚焦基础科学研究、应用基础研究的部门，建立适合基础研究的长周期考核体制，允许研究人员在个人研究兴趣和企业技术需求中实现动态平衡，创造有利于探索性创新、原创性创新的工作氛围。

途径二：依托战略地位优势，强化中央企业在国家创新体系中的领头羊作用。

一是强化中央企业在关键共性技术平台建设中的牵头组织作用。中央企业既肩负着共性技术研发的公共使命，又掌握在竞争中实时形成的、有关前沿技术产业化方向的市场需求，在牵头建设高水平产业共性技术平台、加快产业共性技术研发与扩散应用方面具有独特优势。应鼓励中央企业以“求精、求实”为根本原则，聚焦于自身技术或市场优势明显、能有效协调相关创新主体合作并落实成果应用的领域，牵头建设产业共性技术平台，组织带动共性技术研发。采取公私合营、治理透明的方式，真正建立起全社会广泛参与的关键共性技术研发合作机制，加快共性技术产学研合作和扩散应用。

二是再造中央企业国家重点实验室体系。中央企业承建的国家重点实验室普遍存在人员规模偏小、创新目标分散、绩效激励机制不健全、独立实体运行不成熟等问题。中央企业要抓住国家重点实验室体系重组契机，因地制宜采取新建、扩建、合并等方式，推动中央企业承建的国家重点实验室朝着规模优势显著、科研目标聚焦、激励有效、运行高效的方向发展，积极构建由中央企业主导的国家实验室体系，持续改善国家实验室关键核心技术攻关的组织基础和能力基础。

三是强化中央企业在国家科技计划中的规划、组织、参与作用。中央企业不仅要做好国家科技项目的承担主体，还要发挥市场反应灵敏、熟悉科技发展前沿等优势，积极介入国家重大科技专项、重点研发计划等国家重大科技计划的选题、组织、实施全过程，强化在国家科技规划中的参与作用。积极把握国家科技重大专项等科技计划组织实施模式改革的有利时机，加快研发部署、组织协调机制建设和重大科技项目组织管理人才的推荐选拔，为自身在国家科技重大专项中发挥更加积极、广泛的龙头带动作用做好能力建设和资源准备。

途径三：依托需求规模优势，强化中央企业产业创新生态培育的链长作用。

一是进一步发挥场景优势，强化中央企业对本土科技创新的需求牵引作用。中央企业多属于产业内最大规模的终端用户或总成企业，有条件作为试验性用户和领先用户，为产业链集成创新提供需求场景。在中央企业作为终端用户的战略性新兴产业领域，中央企业应发挥规模化需求优势，构建需求导向、创新导向的竞争选择机制，激发各类主体填补产业链空白，尽快形成国内自主产业链。在中央企业作为总成企业、政府部门或其他国有企业作为终端用户的战略性新兴产业领域，中央企业可以推动终端用户持续提供对标国际技术前沿的产品需求与技术机会，充分发挥战略性需求的牵引作用。在我国已经具备国际竞争优势但主导技术路线存在转换可能性的产业领域，支持中央企业提升产业链技术布局与管理能力，引导国内全产业链战略性应对产业技术路线转换。

二是强化中央企业对中国产业链“走出去”的带动作用。中央企业“走出去”不仅意味着自身产品和服务出海，而且意味着中国装备和服务进入海外市场、中国产业链海外延伸、中国企业经济合作与创新合作平台海外拓展、中国标准走向世界。中央企业应强化排头兵和组织者作用，带领本土创新主体集体“走出去”。过程中要主动实施知识产权战略，规避、降低乃至消除“走出去”所面临的知识产权风险。中央企业应通过多种手段维持、加强与国外产业链核心企业的标准合作关系，稳定甚至提升中国产业代表在国际标准制定中的话语权。

三是强化中央企业深度嵌入全球创新网络的枢纽作用。中央企业要充分发挥自身优势，强化与国外创新主体的联系，确保我国更加高效地嵌入全球创新体系。**首先**，优化现有海外研发机构战略定位，以构建实体化、法人形式的海外研发机构为重点，改革海外研发机构的组织管理模式，提升海外研发机构的根植性，强化海外研发力量在中央企业现有研发体系中的地位和作用。**其次**，推动与国外企业、高校、科研机构共建合作研发平台、海外技术合作平台等，强化与国外创新主体在产业共性技术、基础研究等领域的合作。**最后**，在非关键核心技术领域、非涉密产业领域，通过向国外企业开放更多本土市场，加强与国外企业的技术、产业联系。

中央企业科技创新和发展创新产业的理论辨析和策略选择

中央企业推动科技创新、发展战略性新兴产业和未来产业，如果策略不对头，就会“事倍功半”。要搞清楚策略，就要先掌握当前科技创新和创新产业发展出现的新趋势新变化，从理论上得出一些基本的规律性认识。熊彼特创新假说认为，那些领导市场的巨型公司“拨动了创新的琴弦”，而最近越来越多的案例表明颠覆性创新往往诞生于具有科学家基因的工程师团队和小企业。为什么出现这样的变化？传统创新理论是否已经被颠覆？对中央企业又有哪些启示？我们对此进行了探讨研究。

一、当前创新实践对于传统创新理论的背离

传统创新理论认为，资本投入强度、垄断性收益激励、风险承受能力和对知识产权的保护，决定了大企业和不完全竞争是技术变革的源泉。实证研究发现，这一理论有其“不变”与“变”的两面。

（一）不变的是，大企业在创新投入上仍然更具热情

欧盟工业研发投入记分牌统计全球研发投入最多的 2500 家企业。

2021 年，在榜的 2500 家企业研发投入合计 10939.2 亿欧元，占到全球企业研发投入总量的 86%。分国别来看，美国有 822 家上榜企业，研发投入合计 4396.8 亿欧元，占当年美国企业研发投入总额的 81.3%。德国有 114 家上榜企业，研发投入合计 910.3 亿欧元，占当年德国企业研发投入总额的 80.8%。另一项规模更大的统计数据也支持这一结论，BvD 全球上市公司分析库搜集了全球 155 个国家近 80000 家上市公司的财务数据，数据显示，雇员在 2000 人以上的大型企业户均研发投入 7614.4 万美元，是 300 人以下小企业户均研发投入的 6.8 倍，分国别来看，这一比例在美国是 8.5 倍，德国是 17.1 倍，英国是 22.2 倍。

（二）变的是，小企业产出了占多数的科技创新成果

小企业在美国科技创新体系中占据重要地位，据美国小企业管理局统计，截至 2019 年美国有 3070 万家 500 人以下的小企业，**全美 70% 的科技创新成果由小企业创造，小企业人均创新发明是大企业的 2 倍**。美国小企业管理局曾收集 20 世纪对美国和世界有过巨大影响的 65 项发明和创新，总结发现："这些发明和创新基本上都先由个人完成，取得专利后创办自己的小企业，生产和销售这种新产品，最后再发展成为大公司。"德国小企业以盛产"隐形冠军"闻名，2016 年德国有 1307 家"隐形冠军"企业，这些企业户均营业收入不到 1 亿欧元，但产品市占率都排名全球前三或大洲第一，以 0.6% 的企业数量贡献了德国 20.4% 的新产品销售收入，欧盟委员会曾做过一项统计，**德国 70% 的发明创造、80% 的工程师培养都由小企业完成**。

二、实践与理论背离的原因是产业分工的精细化和技术更新速度的加快

比较大企业创新优势和小企业创新优势的主要论据，前者强调大企业在资源和能力上的优势，关注的是市场结构以及不同规模企业的

地位；后者强调小企业适应市场竞争和不确定性创新活动的灵活性，关注的是创新环境以及与之相契合的组织结构。

（一）创新活动具有外部性，大企业的创新优势来自创新收益和成本相匹配的预期

传统创新理论诞生于20世纪初，其对大企业创新优势的认识与当时广泛出现的垄断市场结构有关。19世纪末到20世纪初，垄断企业和垄断组织在主要发达国家大量出现，以美国为例，1910年全国有445个托拉斯，以产值计，各类托拉斯控制全国纺织工业的50%，玻璃制造业的54%，食品制造业的60%，化学工业的81%，钢铁工业的84%，石油精炼产业的90%，在这种市场结构下，**行业利润规模是限制大企业盈利能力的直接因素，使其有充分的积极性去开发新技术新产品**。经济学家托马斯·迪洛伦佐称之为**"高效的垄断"**，指出"卡内基钢铁将钢轨价格从1875年的160美元/吨降至近25年后的17美元/吨；洛克菲勒在1897年将精炼石油价格从30多美分/加仑压低到5.9美分/加仑；福特的流水线生产将汽车成本从每台850美元下降到290美元。19世纪80年代垄断行业的产出增长高达175%，而非垄断行业仅有24%"。剖析"高效的垄断"，本质是由于**创新活动具有外部性，导致创新的收益不能被创新成本的承担者独有，而大企业因为充分占有市场，使得创新收益可以在更大范围内实现，并尽可能归于自身**，市场结构越集中，大企业的这一优势就越显著。

（二）随着产业分工日益精细，小企业的组织形式更加契合离散的创新活动

随着全球化和工业现代化发展，产业分工日趋精细，横向上不断有中间品和零部件行业从最终产品中析出，纵向上研发、生产、销售等各个价值链环节也逐步出现分离，**在整个总成产品创新中归属于大企业的部分越来越少**。最典型的如汽车行业，在19世纪末，汽车完全

是一种手工单件生产产品，全球仅有20多家汽车公司，采用家庭作坊的方式完成从发动机到车厢、车灯等全部组件的制造和组装，1908年福特推出第一台T型车时，公司有500多个生产部门。而在今天，汽车已经是由2万多个零件、240多个零部件品类构成的复杂产业，零部件产值占到整车的50%~70%。无论是多大的汽车公司，都只能专注整车设计以及少数核心部件的研发，绝大多数零部件创新都需要分散到供应商中完成。汽车产业的变迁只是社会生产组织方式转变的一个缩影，可以肯定，**只要一个行业的效率提升仍依赖专业分工实现，该行业内小企业的创新作用就会持续强化**。

（三）现代技术更新速度加快，使得小企业在灵活响应市场和颠覆性创新方面的优势更加突出

联合国教科文组织曾做过一项研究，在18世纪，知识的更新周期为80~90年，19世纪到20世纪初，缩短为30年，20世纪60—70年代，一般学科的知识更新周期变成5~10年，到了80—90年代，许多学科的知识更新周期缩短为5年，而进入21世纪，大多数学科的知识更新周期已缩短至2~3年。技术更新速度加快对企业科技创新的影响主要表现在两方面：**一是快速验证技术的市场价值变得和创造新技术同等重要，而小企业在这方面表现更为灵敏**。2021年全球有效专利数量超过1650万件，是世纪初的7.2倍，随专利数量一同飙升的还有专利流失率，据彭博社统计，2013年以来91%的外观专利、61%的实用新型专利和37%的发明专利仅在5年后就被主动放弃。在新技术井喷出现的今天，快速验证技术的市场价值变得和创造新技术同等重要，而小企业的组织形式在响应市场方面比大企业更灵活，美国小企业管理局做过一项研究，发现小企业的研发回报率比大企业高出14个百分点，科技投资回收期比大企业短1/4。**二是颠覆性创新更加频繁，小企业在寻求差异化竞争优势方面更具激励性**。颠覆性创新首先破坏的是大企业的既得利益。柯达发明世界上第一台数码相机时比索尼整整早了6年，但因为自身80%的胶卷市场份额而选择了雪藏数码相机，处于市场边缘的索尼则毫不犹豫地将数码相机推向市场，这反映出大企业和小企业不同的创新诉求：大企业的目标函数更倾向于渐进性创新，可以通过现有市场放大创新收益；小企业则倾向于颠覆性创新，可以避免在弱势领域与大企业竞争。

（四）市场结构越集中、技术路线越明确，越有利于大企业发挥创新作用，反之，则越适合小企业发挥创新作用

大企业和小企业创新优势的形成机理不同：大企业发挥创新优势有赖于新技术在已有市场成规模的应用，既要求企业有足够的市场份额，也要求新技术能应用于现有市场；而小企业的创新优势则来自行业分工的专业化，以及应对不确定性市场和技术形势的灵活性，在这种情况下，市场结构越分散、技术发展的不确定性越强，越有利于小企业创新作用发挥。

三、中央企业科技创新和发展创新产业的“四象限”策略

强化科技创新、推动创新产业发展是当前中央企业重要使命任务。**在策略上，关键是要与链内企业错位发挥优势，按照不同市场结构和创新活动类型分类选择自主研发、联合创新、投资并购等不同参与形式**，形成各展所长、优势互补的创新分工格局（见图1）。

在市场结构集中、技术路线明确的创新领域，中央企业应作为技术模仿、赶超和扩散的实施主体。对于这类领域，科技创新的最大障碍不是广泛探索并灵活调整技术路线，而是如何为后发创新主体创造有望形成商业正循环的规模化市场，如何快速、高效地完成全产业链的技术升级改造。中央企业多属于行业内的总成企业或是最大规模市场占有企业，最有条件集中承担行业的赶超成本，作为技术模仿赶超的具体实施主体，以较低总体成本在短时间内带动产业技术水平整体

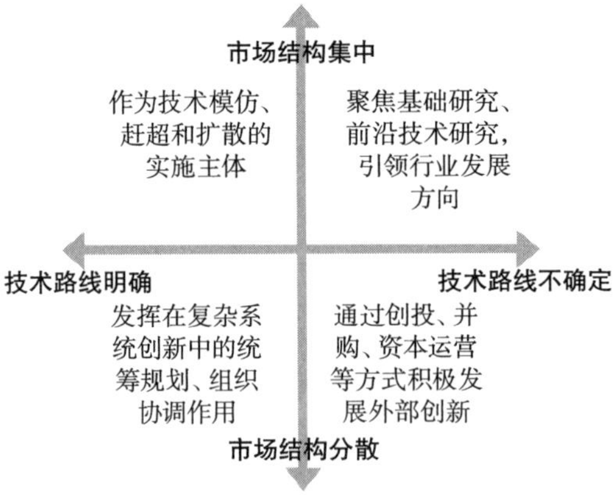

图1　中央企业科技创新和创新产业发展的策略选择

提升。

在市场结构集中、技术路线不确定的创新领域，中央企业应聚焦基础研究、前沿技术研究，引领行业发展方向。这类领域科技创新的主要任务是维护产业链的国际竞争力，开拓新的发展动能。**一方面，应强化中央企业在基础研究平台建设中的作用**，积极参与建设新型研究型大学，牵头建设产业共性技术平台，组织带动共性技术研发，催化行业新一轮技术进步。**另一方面，应由中央企业主导产业前沿研究院建设**，探索前沿技术发展方向，为推动行业增长和维持国际竞争力提供公共投资。

在市场结构分散、技术路线明确的创新领域，中央企业应突出发挥在复杂系统创新中的统筹规划、组织协调作用。这是当前我国企业最常见的创新类型，典型如光刻机、大飞机制造等，产业链分工精细，最终产品是一个复杂的创新系统。在这类领域，中央企业应主要定位于复杂系统创新的主导者、组织者，充分发挥总成企业的需求牵引作用，以规模化需求稳定各创新参与主体的市场预期，激发各类主体填补产业链空白，围绕总成产品创新开展专用性投资。此外，中央企业可以聚焦少数核心部件或整机集成开展自主创新，对标国际领先产品进行系统级的创新规划，以出题人身份将创新需求派生到链内企业，为国内产业链持续提供紧跟国际技术前沿的机会。

在市场结构分散、技术路线不明确的创新领域，应支持中央企业有序发展创投、并购业务，强化国有资本投资、运营公司作用发挥。对于新材料、生物技术、人工智能等行业，细分领域繁多，技术更替剧烈，中央企业“从零开始”难度极大，效率也不会高，应当有“买新、买早、买准”的策略，准备承担必要的沉没成本。**一方面，支持中央企业有序发展创投、并购业务。**对照产业焕新行动和未来产业启航行动“9+6”方向，鼓励中央企业有序开展创业投资、并购交易，加快在有关领域内的布局，并在负债率控制、经营业绩考核、容错机制等方面提供政策便利。**另一方面，强化专业化股权投资机构的建设。**在强化现有两类公司产业发展功能的基础上，新设几家专门从事战新产业、未来产业投资的投资运营公司，分领域对国有资本增量投资组合进行专业化管理，设立专门投资初创企业的风险投资基金，扶持富有创新精神的高潜团队和小微企业，成为创新产业循环增长的“蓄水池”。